단어로
교양까지
짜 짜 짜

101

민주주의

101 민주주의

단어로 교양까지 짜짜짜: 진짜 핵심 진짜 재미 진짜 이해

ⓒ 구정은·오애리 2024

초판 1쇄   2024년 10월 17일

지은이   구정은·오애리

출판책임	박성규	펴낸이	이정원
편집주간	선우미정	펴낸곳	도서출판 들녘
기획이사	이지윤	등록일자	1987년 12월 12일
기획·편집	김혜민	등록번호	10-156
디자인	하민우	주소	경기도 파주시 회동길 198
일러스트	에이욥프로젝트	전화	031-955-7374 (대표)
편집	이동하·이수연		031-955-7389 (편집)
마케팅	전병우	팩스	031-955-7393
멀티미디어	이지윤	이메일	dulnyouk@dulnyouk.co.kr
경영지원	김은주·나수정		
제작관리	구법모		
물류관리	엄철용		

ISBN   979-11-5925-916-6 (43430)

세트   979-11-5925-777-3 (44080)

101

단어로
교양까지
짜짜짜

민주주의

오애리·구정은
지음

들녘

2024년은 '슈퍼 선거의 해'로 불립니다. 전 세계 80여 개 국가에서 선거가 치러진다고 해서 붙은 이름이에요. 선거에 참여하는 유권자 수가 세계 인구의 절반이 넘는 42억 명이나 됩니다. 몇몇 언론들은 선거 결과들이 세계 민주주의의 방향과 미래를 결정하게 될 것이라면서, 2024년을 '민주주의의 슈퍼볼'이라고 표현하기도 했어요. 단일 경기로는 세계 최대 규모의 스포츠 이벤트인 미식축구 경기 슈퍼볼에 빗댄 겁니다.

구체적으로 어떤 선거가 있을까요? 우선 4월 10일 한국에서 제22대 국회의원 선거가 치러져 야당인 더불어민주당이 압승을 거뒀습니다. 6월 6~9일에는 유럽연합 27개 회원국에서 유럽의회 의원들을 뽑는 선거가 치러졌지요.

유럽의회는 유럽연합 회원국들은 물론이고 비회원국들의 정치, 외교, 경제에도 크고 중요한 영향을 미치는 각종 법안을 제정하는 기관이에요. 개표 결과 중도우파 세력이 득표수 1위를 차지하기는 했지만, 극우세력이 이전보다 크게 약진해 충격을 일으켰습니다. 7월 4일 영국 조기 총선에서는 야당 노동당이 집권당(여당) 보수당을 꺾고 승리해 14년 만에 정권교체가 이뤄졌습니다. 7월 5일 이란 대통령 선거에서는 모두의 예상을 깨고 중도 개혁파인 마수드 페제시키안 후보가 당선돼 향후 이란의 변화 가능성이 주목됐어요. 하계 올림픽을 치른 프랑스에서는 7월 7일 조기 총선이 실시됐으며 좌파 연합이 극우 정당인 국민연합을 누리고 승리했습니다. 가장 많은 관심이 집중된 선거는 아무래도 11월 5일 치러지는 미국 대통령 선거예요.

집권당인 민주당의 카멀라 해리스 현직 부통령과 야당 공화당의 도널드 트럼프 후보이자 전 대통령이 맞붙는데, 초강대국 미국이 가지고 있는 영향력을 고려할 때 선거 결과에 따라 국제 정세가 요동칠 것으로 예상됩니다. 이처럼 선거는 민주주의에서 가장 중요한 이벤트이자 꽃입니다. 이 책을 읽는 여러분도 곧 한 사람의 유권자로서 투표권을 행사하게 됩니다.

그렇다면 민주주의는 과연 무엇일까요? 한국은 어떤 과정을 거쳐 지금의 민주국가가 됐을까요? 선거란 무엇이고, 올바르게 선거에 참여하기 위해 국민들은 무엇을 해야 할까요?

이 책에서는 민주주의를 이해하기 위해서 필요한 개념들을 골라 정리했습니다. 민주주의 형성에 영향을 미친 중요한 역사적 사건과 사람들에 대해서도 다뤘고요. 항목 하나하나가 책 몇 권으로도 모자랄 만큼 중요하면서도 복잡한 내용을 담고 있기 때문에 어렵게 느껴질 수도 있겠지만, 저희 두 사람은 기본적 의미를 이해하기 쉽게 설명하고자 노력했습니다.

이 책 한 권으로 결코 민주주의의 모든 것을 알 수는 없습니다. 각 항목에 대한 설명이 부족할 수도 있습니다. 그 지점에서 출발해보는 겁니다. 민주주의를 더 잘 이해하고 실천하기 위해 더 많은 정보를 찾아보고, 주변 친구들과 더 많이 의견을 나눠보세요. 여러분이 바로 민주공화국 대한민국의 주인이니까요.

차례

001

아고라
민주주의가 탄생한 곳

'폴리스'라는 말을 들어본 적이 있나요? '경찰'을 의미하는 폴리스Police가 아니라, 고대 그리스 도시들을 가리키는 말인 '폴리스Polis'에 대해 살펴보려 해요. '거대한 도시'를 뜻하는 영어 단어 '메트로폴리스'도 여기에서 파생되었습니다. 민주주의는 권력을 가진 몇몇 사람만이 아니라, 서로 동등한 위치에 있는 사람들이 함께 정치적으로 결정하는 시스템입니다. 민주주의의 출발점을 이야기하려면 폴리스와 아고라를 빼놓을 수 없어요.

현대 사회 이전에는 대부분 왕이나 귀족, 특권층만이 정치적인 힘을 가지고 국가의 중대사를 결정했지요. 고대 그리스는 달랐습니다. 아테네를 비롯한 여러 도시국가가 그리스 안에서 경쟁했어요. 도시국가들에는 흔히 '아고라'라고 불리는 광장이 있었습니다. 아테네를 예로 들면, 아테네 언덕 위에는 아크로폴리

Q #고대_그리스 #아테네 #아크로폴리스 #광장 #모이는_곳 #시민들의_중심이_되는_공간 #참여

16

스라는 성채가 있고 그 안에는 아고라 광장이 있었지요. '아고라Agora'는 '모이는 곳'을 뜻합니다. 말 그대로 폴리스들에서도 시민들의 중심이 되는 공간이었어요. 시민들은 광장에 모여서 정치와 관련된 사안을 토론하고 결정했습니다. 공개된 장소에서 정치가들과 학자들이 사상을 펼치고, 시민들은 이들의 사상을 놓고 비교 검토하면서 논쟁을 벌였지요.

소크라테스, 플라톤, 아리스토텔레스⋯⋯. '고대 그리스' 하면 떠오르는 철학자가 많습니다. 그리스 철학자들은 '국가가 어떻게 구성되어야 하는가?' '국가는 무슨 역할을 해야 하는가?' '인간의 본성은 무엇인가?' '세상 만물은 어떻게 이뤄져 있나?' 등 온갖 주제를 놓고 자유롭게 생각을 펼치고 의견을 나눌 수 있었으며 이는 아테네 민주주의 덕분이었습니다. 다양한 의견이 오가며 민주주의가 발전했고, 상호작용이 이루어졌습니다.

당시 토론과 의사결정에 참여할 수 있는 사람은 전체 인구에 비하면 소수였습니다. 여성과 노예들은 배제됐거든요. 그럼에도 왕조 국가들과 비교하면 시민이 널리 참여할 수 있었다는 점에서 아고라를 민주주의의 시초로 볼 수 있습니다.

고대 그리스에서 시민이란 참정권, 투표권을 가진 18세 이상의 남성을 의미합니다. 이들은 군복무 의무를 지니고 있었으며, 국가가 위기에 빠졌을 때는 전쟁에 나가 싸워야 했어요. 시민계층은 재산 소유에 따라 1계급, 기사계급, 농민계급, 노동계급으로 구성됐는데, 시민총회인 민회에 참석해 주요 정치, 경제, 사회 문제들을 토의하고 결정했지요. 다만 스스로 무장할 수 있을 정도의 재력을 가지지 못한 빈곤층은 민회에서 제외됐습니다.

제자백가와 역성혁명
혼란 속에서 꽃피운
'백성을 위한 정치'

오늘날 중국 사람들은 사상의 자유와 표현의 자유를 누리지 못하고 있어요. 이와 관련해서는 뒤에서 자세히 살펴볼게요. 하지만 오래전 중국에도 자유롭게 사상을 펼치고 토론하던 시기가 있었답니다. 시민들이 직접 정치적 사안을 결정하지는 않았지만요.

약 3,000년 전에서 2,000년 전 사이 존재했던 주周나라는 봉건제 국가였어요. 왕이 힘센 장군이나 신하들에게 땅을 나눠주고 각기 맡은 지역을 다스리게 했습니다. 그러다 제후들의 힘이 점점 커지면서 왕실은 약해졌습니다. 제후들은 제각기 세상을 제패하기 위해서 치열한 경쟁을 벌였습니다. 주나라가 쪼그라들어 동쪽으로 이동한 기원전 770년부터 제후의 나라 중 하나였던 진秦이 중국을 통일한 기원전 221년까지 영웅들은 곳곳에서 실력을 겨뤘습니다. 이때를 춘추전국春秋戰國 시대라고 해요.

춘추전국시대는 정치적으로 혼란스러웠지만 많은 사상이 꽃을 피운 지적인 시기였습니다. 천하통일을 꿈꾸는 나라들이 힘을 키울 방법을 찾고자 여기저기에서 책략가들과 학자들을 불러모았고, 큰 뜻을 품은 학자와 사상가들은 이 나라 저 나라를 옮겨 다니면서 주장을 펼치고 토론했어요.

춘추전국시대에 정립된 사상 중에는 우리에게도 익숙한 것이 많습니다. 대표적으로 공자(孔子, 기원전 551~479)가 펼친 사상인 유가儒家가 있습니다. 유가는 유교儒敎라 불리기도 합니다. 유교는 종교라기보다는 인간과 세계를 보는 시각을 담은 철학입니다.

유가는 사람의 도리와 그에 맞는 통치를 강조했습니다. 백성은 왕에게 충성해야 하지만, 왕이 횡포를 부릴 수도 있잖아요? 유가의 중요한 사상가 맹자(孟子, 기원전 372~289)는 포악한 왕은 하늘의 뜻에 따라 쫓겨나고 이전 왕조와 성씨姓氏가 다른 새 왕조가 들어설 것이라고 했습니다. 맹자는 왕의 성이 바뀌는 '역성혁명易姓革命'을 거론하며 왕의 권위가 백성들에게 뿌리를 두고 있어야 함을 이야기했어요.

반면에 강력한 법과 무거운 벌로 사람들을 다스려야 한다고 주장한 법가法家도 있었습니다. 진나라는 법가 사상을 바탕으로 국력을 키운 나라입니다. 인위적인 것을 버리고 자연의 이치에 맡기자고 주장한 노자老子, 장자莊子의 도가道家 사상도 빼놓을 수 없습니다.

　이렇게 여러 사상을 내놓은 학자들을 제자諸子라고 했고, 대표적인 인물들을 중심으로 형성된 학파들을 백가百家라고 했습니다. 춘추전국시대는 제자백가가 사상 경쟁을 벌인 '백가쟁명百家爭鳴'의 시대였답니다.

도가 사상은 춘추시대 초나라의 학자 노자와 전국시대 송나라의 학자 장자가 정립한 철학으로 노장 사상이라고도 합니다. 노자는 우주 만물이 이루어지는 근본적인 이치가 곧 '도(道)'라고 생각했어요. 또한 사람이 우주의 근본이며, 진리인 도의 길에 도달하려면 자연의 법칙에 따라 살아야 한다고 강조했지요. 지금 우리가 살고 있는 현대사회에서 자연과의 조화로운 관계를 회복하고 물질적 욕심을 극복하기 위해 노력하는 것도 도가 사상을 실천하는 길이라고 할 수 있습니다.

아소카
폭군 정복자에서
'백성을 보살피는 보살'로

아소카(Ashoka, 기원전 304~232)는 인도 마우리아_{Maurya} 제국의 군주로, 그의 제국은 현재의 아프가니스탄부터 동쪽 방글라데시까지 인도와 주변 지역에 넓게 걸쳐 있었어요. 불교를 숭상한 아소카는 아시아 전역에 불교를 전파하는 데 중요한 역할을 했습니다. 그는 기원전 260년에 잔혹한 전쟁으로 인도 서부 칼링가 지역을 정복했다가, 전쟁으로 파괴된 칼링가의 참상을 보고 크게 뉘우쳤어요. 이후 황제가 내리는 칙령을 통해 정의로운 행동을 권장하려 애썼습니다. 다른 종교도 관대하게 대하며 종교의 자유를 인정했고요. 무력이 아니라 시민들의 자발적인 선행으로 사회를 풍요롭게 만들 수 있다고 믿고, 국가와 사회에서 복지와 자유를 늘리는 것을 중요시했죠. 아소카 이전에도 이런 생각을 한 사람이 있었습니다. 마우리아 왕조를 세운 찬드라굽타(Candragupta,

#찬드라굽타 #칼링가 #참상 #종교의_자유 #복지와_자유 #마우리아_왕조 #복지 #정치경제학

기원전 350~295)는 아소카의 할아버지예요. 찬드라굽타의 신하인 재상 차나키야Chanakya가 『아르타샤스트라Arthashastra』(기원전 317)라는 책을 썼고, 이는 요즘 말로 번역하면 '정치경제학'이에요. 사회제도를 확립하고 효율적으로 정치하며 백성들이 풍요롭게 살 수 있도록 조언을 담았습니다. 후대 학자들은 차나키야의 영향이 아소카에게 이어진 것으로 해석합니다. 아소카는 불교의 비폭력 가르침을 받아들이고 서서히 군대를 해산하고 노예를 풀어줬습니다. 기원전 3세기에는 마우리아 제국의 수도였던 파탈리푸트라Pāṭaliputra(오늘날의 파트나Patna)에서 학자들과 사상가들이 토론하는 대규모 집회를 열었어요. 이 집회를 통해 공공을 위한 토론 규칙을 만들어 문서로 정리하고 전파하려 애썼습니다.

아소카는 백성의 추앙을 받은 위대한 황제였지만, 무력과 신분제, 종교 간의 싸움을 없애지는 못했어요. 아소카의 제국은 그가 죽고 얼마 되지 않아 여러 영토로 갈라졌어요.

아소카는 인도에서 가장 위대한 국왕으로 존경받지만 권력을 쟁취하기까지 많은 피를 흘렸습니다. 아버지 빈두사라 왕의 자식 101명 중 한 명으로 태어나 왕위 계승 다툼에서 친동생 한 명을 뺀 이복동생 99명을 모두 죽이고, 그들을 따르던 신하까지 죽였어요. 이후 그는 불교에 귀의해 오늘날의 이란, 이집트 등에도 불교를 전파했어요. 사형제도를 폐지하고 백성들을 위해 병원과 보육원, 양로원 등을 세웠으며 인류 역사상 최초로 동물 학대 금지법을 제정하고 수의사 제도를 만들었죠. '폭력이 아니라 법을 통한 정복'을 선언하는 칙령을 거대한 돌기둥에 새겨 알렸고요. 그의 이름은 산스크리트어로 '슬픔을 적극적으로 사라지게 한다'는 뜻입니다. 그가 사망하고 얼마 지나지 않아 귀족 브라만 계급이 반발했고, 비폭력과 비전쟁 정책을 역이용해 주변 국가들이 침략했으며, 수많은 세력이 반기를 들어 독립을 선언했어요. 제국의 영토가 축소되면서 139년 만에 마우리아왕조는 역사 속으로 사라졌습니다.

아우구스투스
로마 황제가 된
카이사르의 아들

고대 민주주의는 오래가지 못했어요. 그리스의 도시국가들은 새로 떠오른 로마를 비롯해 여러 세력에 정복됐습니다. 초기 로마는 시민에게 정치적 권한을 주는 '공화정共和政' 나라였지만, 점차 권력이 몇몇 사람에게 집중됐습니다. 소수의 사람이 권력을 나눠 갖는 체제인 '과두제寡頭制, oligarchy'로 갔지요. 특히 막강한 권한을 가진 일부 사람이 치열한 권력투쟁을 벌인 끝에, 옥타비아누스(Octavius, 기원전 63~기원후 14)가 권력을 장악해 황제가 됐습니다. 즉위한 이후 그를 가리키는 이름은 '아우구스투스Augustus'예요. 그는 로마 영토를 유럽 북부까지 확장한 율리우스 카이사르(Gaius Julius Caesar, 기원전 100~44)의 양아들이었어요. 로마인들은 카이사르가 전쟁에서 줄줄이 이기자 환호를 보냈지만, 내심 카이사르가 황제가 되어 권력을 독차지할까 봐 걱정

#공화정 #과두제 #옥타비아누스 #율리우스_카이사르 #카이저 #제국 #황제 #로마_영토_확장

했습니다. 그래서 몇몇 사람이 작당해서 카이사르를 암살했어요.

카이사르는 황제가 되지 못했지만 그의 이름인 'Caesar'는 '황제'를 뜻하는 말로 굳어졌어요. 독일에서는 황제를 카이저Kaiser라고 불렀고 러시아에서는 차르Tsar, Tzar라고 했는데 이는 모두 카이사르에서 나온 말이에요. 정작 황제가 된 사람은 카이사르가 아닌 양아들이었지만요. '제국帝國'이라는 말을 한자 그대로 풀이하면 '황제가 다스리는 나라'예요. 아우구스투스 때부터 여러 민족을 포괄하며 거대한 영토를 가진 제국이 된 로마는 유럽은 물론 세계에 영향을 미쳤어요. 이후 로마는 점차 쇠약해져 동로마와 서로마로 갈라지고 다시 여러 나라로 쪼개졌어요. 그리스와 로마의 공화정도 '암흑기'로 불리는 유럽의 중세에 잊히고 말았습니다. 하지만 훗날 이탈리아에서 '르네상스'라는 정치·사회·문화적인 흐름이 일어났고, 유럽인들은 고대 그리스와 로마의 사상들에 다시 눈을 뜹니다. 근대 유럽인들이 신분제 계급사회에서 벗어나 시민들의 권리를 주장하게 되는 데에 고대 민주주의와 정치철학들이 큰 영향을 미쳤던 셈입니다.

르네상스(Renaissance)는 프랑스어로 '재생' '재탄생'을 의미합니다. 14세기부터 16세기까지 이탈리아를 중심으로 서유럽에서 일어난 문예부흥 또는 학예부흥운동입니다. 이 운동의 핵심은 기독교 중심의 기존 세계관에서 벗어나 인간과 자연을 중심으로 하는 고대 그리스와 로마 시대로 돌아가자는 것이었어요. 르네상스 시대에 새롭게 형성된 인간관과 세계관은 훗날 근대 문화를 창조하는 중요한 밑거름이 됐습니다. 르네상스를 대표하는 학자와 작가로는 단테, 보카치오, 몽테뉴, 마키아벨리 등을 꼽을 수 있고, 예술가로는 다빈치, 미켈란젤로, 보티첼리 등이 대표적입니다. 과학자로는 코페르니쿠스나, 갈릴레이, 구텐베르크 등이 있어요.

마키아벨리
'위대한 군주'란 어떤 사람인가?

니콜로 마키아벨리(Niccolò Machiavelli, 1469~1527)는 르네상스 시대에 활동한 이탈리아 사상가이자 정치철학자입니다. 그는 이탈리아 중부 토스카나 지방의 중심도시 피렌체에서 태어났어요.

당시 피렌체에서는 메디치Medici라는 집안이 권력을 잡고 있었어요. 마키아벨리는 1513년에 메디치 가문의 군주에게 바치는 글인 「군주론 Il Principe」을 발표했습니다. 「군주론」은 위대한 군주는 어떤 사람인지, 군대를 강하게 하고 재정을 튼튼하게 하려면 군주가 무엇을 해야 하는지 등을 적은 편지글이에요. 지금도 '지도자의 처세법'을 다루는 참고서로 많이 읽히는 이 책에서 그는 '수단과 방법을 가리지 않는 능력 있는 지도자'를 예찬했어요.

종교나 도덕이 아니라 힘을 키워 권력을 장악하고 국가를 이끌 수 있다는 주장은 지금 들으면 너무 냉혹할 뿐 아니라 부도덕하게 보입니다. 그는 군주가 존경받지 못할 바에는 공포의 대상이 되는 편이 낫다면서, 군중들은 지도자가 없으면 아무것도 아니라고 주장했어요. 이러한 사고방식에 바탕을 둔 냉혹한 리더십이나 주장을 '마키아벨리즘'이라고 부릅니다. 군주라면 잔인하다는 평판을 두려워하지 말라고 했어요. 그렇다고 해서 민중의 뜻을 어기고 마음대로 권력을 휘두르면 안 되겠지요. 마키아벨리는 '군주가 가질 수 있는 최상의 성채'는 '민중의 증오를 사지 않는 것'이라고 강조했습니다.

되짚어보면 마키아벨리가 현대사회를 앞서 읽은 측면도 많아요. 지도자가 성공하려면 능력을 갖춰야 한다는 발상 자체가 그렇지요. 당시 이탈리아는 통일되지 않고 도시들이 경쟁하고 있었어요. 도시국가들에는 메디치 같은 유력 가문이나 지도자가 있었지만 그렇다고 그들이 멋대로 권력을 휘두르지는 못했죠. 귀족과 상인, 종교 세력 등 여러 집단이 힘겨루기하면서 유력자의 권력을 제한했기 때문이에요.

피렌체 공화국은 결국 메디치 가문의 지배 아래 1532년 세습 군주국이 됩니다. 마키아벨리가 메디치 가문에 잘 보이려 '군주의 요건'을 강조했지만, 마키아벨리 자신은 공화정을 지지한 사람이었다고 보는 이가 많습니다. 인간 사이에는 필연적으로 갈등이 벌어질 수밖에 없지요. 그래서 마키아벨리는 도덕이나 이상주의가 아닌 현실에 바탕을 두고 사람들의 갈등을 조절해야 한다고

🔍 #군주론 #지도자의_처세법 #능력_있는_지도자 #마키아벨리즘 #냉혹한_권력의_정치학

주장했어요.

마키아벨리즘은 독재자를 옹호한다는 비판을 받기도 합니다. 폭군이나 수단과 방법을 가리지 않는 권모술수 등 부정적인 개념을 떠올리게 하지요. 하지만 현실 세계에서의 냉혹한 '권력의 정치학'을 정립했다는 점에서 그의 사상은 현대에도 큰 의미를 시사합니다.

「군주론」은 총 26장으로 구성되어 있습니다. 우선 국가를 9가지 유형으로 구분한 다음, 각 국가를 유지하기 위해 필요한 군대의 형태를 살피고, 마지막으로 국가별로 어떤 군주가 필요한지 설명하고 있어요. 국가의 9가지 유형은 국민이 주권을 가진 공화국, 세습군주국, 다른나라를 정복해서 세운 복합형 신생군주국, 완전히 새롭게 세운 신생군주국, 군주지배 복합형 군주국, 영주 지배 복합형 군주국, 부정한 방법으로 얻은 군주국, 자신의 능력으로 세운 군주국, 시민 추대로 만들어진 군주국입니다. 마키아벨리가 이처럼 국가의 유형을 자세히 나눈 이유는 저마다 필요한 통치술이 다르기 때문이에요. 그는 가장 이상적인 지도자는 '사자의 용맹과 여우의 지혜'를 갖춘 사람이라고 주장합니다. 또 군주는 무슨 수를 써서라도 자신의 권위를 확립하고 보전해야 한다고 했어요. 국가의 안정과 국민의 행복을 이루는 데 필요하기 때문입니다.

마그나카르타
근대국가 헌법과
인권법의 기초

'마그나 카르타 리베르타툼Magna Carta Libertatum'

라틴어로 쓰여서 낯설고 어렵게 느껴지지요? 이 말은 영국에서 나온 말로, 문자 그대로 풀면 '자유에 대한 중대한 문서'라고 할 수 있겠군요. 흔히들 '마그나카르타'라고 부르며, 우리나라에서는 '대헌장大憲章'이라고 번역하기도 합니다.

13세기 잉글랜드에 존(John, 1166~1216)이라는 왕이 있었어요. 존 왕은 통치를 잘하지 못했나 봅니다. 실정失政을 많이 저질러서 귀족들이 반란을 일으켰거든요. 종교 지도자인 캔터베리 대주교가 중재하여 존 왕은 러니미드Runnymede라는 곳에서 귀족들과 만나 싸움을 끝내기로 했습니다. 러니미드는 템즈 강 남쪽 기슭에 있는 초원으로, 윈저 성에서 오늘날 차로 20분 거리에 떨어져 있어요.

존 왕은 교회의 권리를 보호하기로 약속하는 동시에 귀족들을 불법으로 가두지 않고 법 절차를 지키며 왕실에서 쓰는 돈을 귀족들에게서 뜯어가지 않기로 약속했습니다. 존 왕은 궁지에 몰려 이런 내용을 담은 문서인 마그나카르타에 서명했어요. 존 왕은 약속을 지키기가 싫었던 모양이에요. 가톨릭 교황에게 부탁해 이 헌장이 무효라고 선언하게 했습니다. 하지만 존 왕은 얼마 지나지 않아 사망했고, 이후 영국 왕들이 멋대로 권력을 휘두르려고 할 때면 귀족들은 대헌장인 마그나카르타를 근거로 제동을 걸었답니다.

마그나카르타는 모든 사람의 권리가 아니라 귀족의 권리를 지키기 위해 만들어졌지만 역사적인 의미는 아주 큽니다. '왕이 해도 되는 일과 해선 안 되는 일'을 문서로 만들어 국왕의 힘을 제한하기 시작한 문서거든요. 왕의 뜻도 법에 따라 제한될 수 있고, 왕도 법을 따라야 한다는 생각이 문서로 굳어진 거죠. 그래서 대헌장을 영국 민주주의의 출발점으로 봅니다.

대헌장은 처음 만들어진 문서에서 나아가, 시대가 흐르면서 계속 해석되고 고쳐져서 민주주의를 뒷받침하는 근거 역할을 했답니다. 예를 들면 왕의 잘못된 통치에 맞서서 국민이 권리를 요구할 때, 왕이 멋대로 국민을 징집하거나 세금을 매기지 못하도록 견제할 때, 법에 따르지 않고 국민을 체포하거나 가두지 못하도록 할 때 이 헌장을 근거로 했습니다. 그래서 대헌장을 영국뿐

🔍 #자유에_대한_중대한_문서 #대헌장 #존_왕 #러니미드 #국왕의_힘을_제한 #헌법의_토대

아니라 일반적인 근대국가 헌법의 토대로 보기도 합니다. 1791년에 발효된 미국의 권리장전과 1948년 유엔총회가 채택한 세계인권선언에 대헌장의 핵심 내용이 반영되기도 했습니다.

마그나카르타 제정 800주년을 맞은 지난 2015년, 영국 런던 국립도서관에서 매우 중요한 전시회가 열렸습니다. 도서관이 소장해온 마그나카르타 원본 2점을 비롯해 링컨대성당과 솔즈베리대성당에 각각 보관된 첫 필사본 원본 2점을 사상 처음으로 한자리에 모아 일반에 공개했어요. 존 왕이 귀족들과 협상하기 위해 머물렀던 햄프셔 오디햄 마을에서는 축제가 펼쳐졌고, 당시 영국 국왕이었던 엘리자베스 2세는 런던 남부 템스강 근처에 위치한 러니미드에서 열린 800주년 기념식에 직접 참석했습니다.

1215년 6월 15일 존 왕이 귀족과 시민들이 지켜보는 가운데 마그나카르타에 서명했던 러니미드 평원은 현재 드넓은 초원으로 이뤄진 공원입니다. 입구에는 '근대 민주주의의 탄생지'라고 적힌 팻말이 세워져 있고, 마그나카르타 기념탑과 재판의 배심원석을 상징하는 12개의 의자 조형물, 제2차 세계대전에서 목숨을 잃은 전사자 약 2만 명의 이름이 새겨진 기념관 등이 자리잡고 있습니다.

구텐베르크
지식혁명의 방아쇠를 당기다

여러분은 문서를 출력할 때 어떻게 하나요? 컴퓨터로 문서를 작성해서 프린터로 출력하거나, 모바일 기기에 무선으로 프린터를 연결해 출력할 수 있지요. 점차 출력할 일이 줄어들어 핸드폰이나 태블릿 기기로 문서를 보는 경우도 많고요. 컴퓨터 시대가 되기 전에 사람들이 지식과 정보를 나누는 통로는 책이나 신문, 잡지 같은 지류였어요. 아주 옛날에는 직접 손으로 쓴 '필사본筆寫本'으로 문서를 만들어서 다른 사람들이나 후대에 전했습니다.

필사본이 오갔던 시절, 금속을 다루는 기술과 지식을 익혀서 금속으로 활자를 만든 사람이 있었어요. 그의 이름은 요하네스 구텐베르크(Johannes Gutenberg, 1398~1468)입니다. 그는 15세기에 독일에 살았던 금 세공업자예요. 원래 이름은 요하네스 겐스플라이슈인데 보통 구텐베르크라고 불러요.

구텐베르크는 금속 활자, 그러니까 금속으로 만든 알파벳 활자들을 문장으로 배열해 인쇄하는 방식을 처음 고안한 사람입니다. 1448년, 독일 마인츠Mainz라는 곳에서 인쇄소를 연 구텐베르크는 가톨릭 성경을 인쇄해서 배포했어요. 이전에도 목판 인쇄는 있었지만, 구텐베르크는 이를 개량해 문서를 대량으로 찍어낼 수 있게 했습니다. '구텐베르크 성경'은 대량 생산된 최초의 인쇄물이었죠. 한 페이지에 42줄씩 인쇄돼 '42줄 성경(B42)'으로 불린 이 책은 유럽에서 처음 만들어진 '가지고 다닐 수 있는 성경'이었습니다. 성직자와 지식인들만 읽을 수 있었던 성경이 널리 퍼지니, 대중이 모두 읽고 자기 생각을 덧붙여 말할 수 있게 됐지요. 교황청과 성직자들이 꼭꼭 닫아놓았던 종교 해석의 문이 활짝 열린 겁니다.

구텐베르크가 이룬 작은 발전은 종교개혁이라는 거대한 흐름을 이끌어냈습니다. 구텐베르크의 활자는 종교만 변화시킨 게 아니었습니다. 인류의 역사를 바꾸었어요. 성경의 뒤를 이어 인쇄된 책 중에는 그리스와 로마의 고전 작품들도 있었어요. 이러한 작품들은 르네상스의 발판이 됐습니다. 책이 대중화되면서 중세 암흑기는 막을 내렸어요. 르네상스와 종교개혁을 거치며 쏟아진 인쇄물 덕에 대중은 '지식'이라는 새로운 힘을 얻었습니다. 또한 활자 인쇄는 사람들의 정치적 관심을 일깨운 신문의 탄생으로도 이어졌어요.

🔍 #대량_인쇄 #활자 #르네상스의_발판이_된_발전 #활자_인쇄 #신문의_탄생까지 #정치적_관심

명예혁명
영국 의회민주주의의 시작

여러분은 '명예' 하면 무엇이 먼저 떠오르나요? '혁명'은 또 어떻게 느껴지는지 궁금합니다.

혁명이라는 거대한 역사의 물결은 적잖은 사람의 희생 속에 흘러갑니다. 그런데 17세기 유럽에는 '피를 흘리지 않은 혁명'이 있었어요. 유혈 사태 없이 명예롭게 개혁을 이뤄냈다고 해서 이 사건을 '명예혁명名譽革命, Glorious Revolution'이라고 부릅니다.

17세기 유럽은 아주 시끄러웠습니다. 부패한 가톨릭에 맞서 종교개혁을 주장하면서 교황청의 오랜 권위에 도전한 사람들이 있었어요. '저항하는 사람들'이라는 뜻을 가진 '프로테스탄트Protestant(저항하는 사람들)'가 이른바 신교新敎, 개신교를 형성하면서 가톨릭에서 갈라졌어요. 영국에는 신교의 한 갈래인 성공회가 자리를 잡았고요.

유럽 여러 나라 왕실이나 대공大公들은 곳곳의 지배권을 놓고 싸우고 있었습니다. 상인이나 은행가가 돈을 벌어 발언하는 힘을 키우고 있었어요. 아무리 왕이라고 해도 마음대로 할 수 없는 세상으로 점차 변해가고 있었습니다. 영국은 그 중심에 있었어요.

제임스 2세(James Ⅱ, 1633~1701) 국왕 시절, 영국 의회는 토리Tory 당과 휘그Whig 당이라는 두 정당으로 나뉘어 있었답니다. 토리 당은 1679년에 만들어졌어요. 17세기 중반 가톨릭 교도였던 요크 공작 제임스가 왕위를 물려받을 때, 계승 문제가 있었습니다. 그는 찰스 2세의 동생인데요, 제임스의 즉위를 인정하지 않는 사람들 사이에서 그를 인정한 사람들을 가리켜 '토리Tory'라고 불렀던 데에서 당 이름이 유래했습니다. 제임스는 1685년 제임스 2세로 즉위했어요. 휘그당은 1678년 제임스의 즉위에 반대하는 사람들이 모여 만든 정당입니다. '휘그'는 스코틀랜드 방언으로 '말을 타고 돌아다닌다.'라는 뜻이에요. 말을 타고 다니며 제임스 즉위 반대 운동을 하는 사람들을 불렀던 데에서 유래한 듯합니다.

훗날 토리당은 보수당, 휘그당은 자유당으로 이어졌어요. 영국은 1534년 헨리 8세가 수장령을 선포해 영국 교회를 로마가톨릭으로부터 분리한 후 국왕을 수장으로 하는 국교회(잉글랜드 성공회)를 믿는 국가잖아요? 그런데 제임스 2세가 자꾸만 가톨릭 편을 들자 의회에서는 왕에 대한 반발이 커졌어요. 결국 의회는 네덜란드의 빌럼 공소(William of Orange, 1650~1702)과 힘을 합쳤습니다. 빌럼이 쳐들어올 움직임을 보이자 제임스 2세는 결국 1688년에 물러났고, 빌럼이 '윌리엄 3세'가 되어 영국 국왕으로 추대됐습니다.

왕도 의회의 결정을 따라야 한다는 원칙이 세워지면서 명예혁명은 영국 의회 민주주의의 출발점이 됐습니다. 이듬해인 1689년, 의회와 윌리엄 3세는 '권리장전Bill of Rights'에 합의했습니다. 의회의 권리를 담은 선언인 권리장전에 따라 의회에 관한 법이 정비됐어요. 이로써 영국은 국왕이 절대적인 힘을 갖는 '전제군주제'와 헤어졌으며, 왕이 존재하긴 하지만 법의 지배를 받는 '입헌군주제' 시대로 들어갑니다.

🔍 #피를_흘리지_않은_혁명 #프로테스탄트 #권리장전 #의회의_권리 #입헌군주제의_시작

삼부회
프랑스 대혁명의 시발점

영국에 명예혁명 바람이 불 때, 바다 건너 프랑스에서는 영국과는 사뭇 다른 상황이 펼쳐지고 있었습니다. 부르봉Bourbon 왕조라 불린 프랑스 왕실은 엄청난 권력을 휘둘렀고, "왕의 권력은 신이 내려준 것이다."라는 왕권신수설王權神授說에 여전히 힘이 실려 있었어요. 하지만 경제적으로 힘을 키운 중산층, '부르주아지bourgeoisie'라는 새로운 계급이 밑에서부터 떠오르고 있었지요. 르네상스가 가져다준 계몽주의로 사람들의 의식이 트였고, 대서양 건너편 미국이 독립 혁명을 이뤘다는 소식까지 들려오던 터였습니다. 산업이 발전하면서 노동자 계급에 속한 사람들도 늘어나고 있었어요. 하지만 가난한 노동자들과 도시 빈민들은 처참한 환경에서 살아가야 했습니다.

프랑스에서는 14세기 초부터 귀족과 가톨릭 성직자, 평민 대표들이 모여서 중요한 정치 의제를 토론했어요. 이 모임을 '삼부회三部會, États généraux'라고 합니다. 오늘날의 의회와는 다르게 국왕이 소집하는 회의였는데 그조차 17~18세기에는 이름만 있었을 뿐 모이지 못했어요.

18세기 말, 국가 재정이 파탄나자 프랑스 국왕 루이 16세는 세금을 더 거두기 위해서 삼부회를 소집했습니다. 당시 프랑스는 영국에 맞서 독립하려는 미국을 지원했어요. 영국을 견제하기 위한 목적이었죠. 그러다 그만 나랏돈이 떨어진 거예요. 삼부회가 소집된다는 이야기에 여기저기서 정치토론이 벌어졌고, 정치를 주제로 한 인쇄물들이 널리 퍼졌습니다.

1789년 5월 5일, 루이 16세는 베르사유궁전에서 삼부회를 열었습니다. 175년 만에 소집된 삼부회였어요. 삼부회에서 평민들은 인구 비례에 맞춰 평민 계급의 대표를 늘려주고 표결권을 달라고 요구했습니다. 인구 절대 다수는 평민이었으니까요. 평민 계급은 귀족과 성직자들이 땅을 독차지하고 세금 면제 혜택까지 누리는 상황을 개혁하려고 했어요. 이는 귀족과 성직자들이 손을 잡는 바람에 번번이 묵살되었죠. 시민들의 정치의식은 높아졌지만 귀족과 성직자들이 기대고 있는 낡은 체제 때문에 재정 위기를 해결하거나 시민들의 개혁 요구를 받아들일 수 없었어요. 아마도 귀족과 성직자들은 개혁할 의지가 없었겠지요. 이로부터 '앙시앵 레짐(낡은 체제)Ancien Régime'은 시대에 뒤처진 왕실 중심

Q #왕권신수설 #부르주아지 #베르사유궁전 #표결권 #앙시앵_레짐 #테니스_코트의_서약

의 권력 구조를 가리키는 말로 쓰입니다.

　사람 숫자대로 표결하자는 요구까지 거부당하자, 평민들은 삼부회를 박차고 나와 따로 '국민의회'를 만들어 어떠한 세금도 자신들의 동의 없이 징수할 수 없다고 선언했어요. 그러자 분노한 루이 16세는 국민의회의 해산을 명령한 후 회의장을 아예 폐쇄해버렸습니다. 6월 30일, 회의장에 들어가지 못하게 된 평민 대표들은 근처에 있는 실내 테니스 코트로 이동해 새로운 헌법을 제정할 때까지 계속 투쟁하겠다고 서약했어요. 국민의 권리를 천명한 이 역사적인 사건을 '테니스 코트의 서약'이라고 부릅니다.

영국에는 언제부터 의회가 있었을까요? 먼저, '영국(英國)'이라는 나라 이름을 볼게요. '영국'은 '잉글랜드'와 발음이 비슷한 한자로 적은 단어예요. 오늘날 영국은 잉글랜드, 웨일스, 스코틀랜드, 북아일랜드가 합쳐져 구성된 나라랍니다. 잉글랜드가 주변 지역들을 장악해 구성한 연합왕국이 오늘날 영국의 모태가 되었습니다. 잉글랜드와 스코틀랜드는 서로 다른 나라였던 13세기부터 이미 귀족들의 힘이 세져서 왕을 견제하는 의회를 꾸리고 있었답니다. 의회는 국정의 중요 문제에 대하여 대귀족 등 유력인사들이 논의하는 모임으로서 자문기구의 역할을 했기 때문에 국민 모두의 이익을 대변하는 '국민의 대표'라는 개념은 없었어요. 1265년 처음 소집된 의회에는 귀족, 고위성직자, 각 자치시의 대표자들이 참석했어요. 지금과 같은 상하원 체제가 나타난 때는 1340년으로, 귀족들로 구성된 귀족원(House of Lords, 상원)과 주와 도시에서 선출된 대표들로 구성되는 서민원(House of Commons, 하원)이 출범했습니다.

프랑스 혁명
썩은 권력에 맞서
자유와 평등을 외치다

귀족과 엘리트들은 삼부회에서 세금 문제를 해결하려고 했지만 가난에 지친 사람들이 들고 일어났고, 상황은 걷잡을 수 없이 흘러갔어요. 1789년 7월 14일 파리 시민들은 파리 시내에 있는 바스티유 감옥을 습격해 무기를 손에 얻고 지배계급과 싸웠습니다. 루이 16세와 마리 앙투아네트(Marie Antoinette, 1755~1793) 왕비는 권좌에서 끌려내려와 참수됐어요. 프랑스 혁명은 권력에 맞선 시민혁명이자, 동시에 여러 색깔을 지닙니다. 부르주아지들은 왕과 귀족의 권력을 제한하고 권력을 쥐려 했고, 늘어나고 있던 도시 노동자들은 귀족뿐 아니라 산업을 장악한 자본가들에 맞서 사회를 바꾸려 했어요. 노예처럼 대지주들의 땅에 매여 있던 농민들도 나서서 땅을 분배해야 한다고 요구했고요. 당시 유럽에는 땅을 독차지한 영주들이 농민을 노예처럼 만들어 땅에 묶어두는

Q   #바스티유_감옥 #마리_앙투아네트_참수 #개혁 #봉건제_폐지 #공포정치 #프랑스_인권선언

농노제가 이어지고 있었거든요. 예상치 못하게 노동자와 농민이 혁명의 전면에 나서자, 국민의회는 사태가 걷잡을 수 없이 흘러가지 않도록 여러 개혁 조치를 발표했어요. 농노제를 폐지하고, 영주들이 땅을 팔게 하면서 프랑스의 봉건제는 폐지됐습니다.

혁명 이후 100년 가까이 공화정과 제정(황제의 통치)으로 국가 체제가 계속 바뀌고 '공포정치'라 불리는 탄압이 벌어졌어요. 그럼에도 프랑스 혁명은 이전의 모든 체제를 뒤엎고 지배받던 이들이 맨 앞에 나선 역사적인 사건입니다. 절대왕정과 특권계급에 맞서 시민들이 승리한 혁명입니다. 이후 새로운 정부와 새로운 사회의 방향을 놓고 치열한 토론과 싸움이 벌어진 시대로 이어져 평등 사상이 널리 퍼졌습니다. 이때 나온 선언문인 '프랑스 인권선언'은 의미가 큽니다. 국민의회가 1789년 8월 26일 발표한 이 선언의 정식명칭은 '인간과 시민의 권리선언'으로, 권력이 시민에게 있음에서 시작해 사상의 자유, 법 앞에서 모두가 평등할 권리 등등 새로운 사회의 원칙을 제시했습니다.

프랑스 국가 제목은 '라 마르세예즈(La Marseillaise)'예요. "들리는가 저 들판의 흉폭한 병사들의 고함소리가? 놈들이 우리의 지척까지 와서 우리의 아들과 아내의 목을 베려 한다!" "피에 굶주린 폭군의 더러운 피로 우리의 밭고랑을 적시러 전진하자." 프랑스 혁명의 투쟁 정신이 담긴 섬뜩하고 살벌한 가사입니다. 1792년 혁명군 대위 클로드 조제프 루제 드 릴이 프랑스를 침략한 오스트리아에 맞서 싸울 부대원들을 고무하려 군가로 작곡했어요. 1792년 8월 마르세유 출신 육군 의용병들이 봉기하여 수도 파리에 입성할 때 부르면서 널리 알려졌죠. 1795년 프랑스 제1공화국 때 국가로 지정됐지만 혁명정신을 담은 내용이 부담스럽다는 이유로 다른 국가로 교체됐다가 1879년 다시 국가로 지정됐어요. 프랑스 내에서도 개사 논란이 이어집니다. 당시 프랑스 상황을 잘 담아냈지만 많은 외국인과 이민자가 살고 있는 현재 프랑스에는 적합하지 않다는 말도 나와요.

미국 독립 혁명
가장 주요한 권리는
국민으로부터 비롯된다

'자유의 나라' '경제 대국 1위'

미국에 붙는 수식어입니다. 미국이 한 국가로 자리매김하기까지 많은 일이 있었어요. 영국 신교도들은 종교 탄압을 받다 17세기부터 영국을 떠나 북미 대륙에 가서 원주민을 몰아내고 정착지를 만들었어요. 그 과정에서 정치 단위들이 만들어졌고 오늘날 미국의 주州가 형성됐어요. 유럽계 백인들은 흑인 노예들을 아프리카에서 끌어와 농장에서 착취했습니다.

이들은 흑인 노예들을 착취하면서 도리어 자신들이 차별받는다고 생각했어요. 영국에 세금을 내는데도 정작 영국 의회에서 목소리를 내지 못했기 때문입니다. 그래서 아메리카 백인들은 독립을 선언했고, 1775년에서 1783년까지 전쟁을 벌인 끝에 영국을 이겼습니다. 백인만을 위한 일이었다고 해도 제국에 맞서 독립을 쟁취했다는 점에서 미국 혁명은 의미가 큽니다. 그뿐 아니라 미국인이 '건국의 아버지들'이라고 부르는 혁명의 주역들은 새 나라에서 이전까지 없던 정치체제를 만들었습니다. 왕이 아닌 시민들이 정치하되, 독립전쟁에 참여한 13개 주가 각기 권한을 갖는 연방공화국을 수립했죠.

초대 대통령은 독립전쟁을 이끈 조지 워싱턴이었어요. 토머스 제퍼슨(Thomas Jefferson, 1743~1826)은 벤저민 프랭클린, 존 애덤스 등과 함께 미국 독립선언서의 틀을 만들었고, 영국에서 독립한 뒤인 1801년부터 1809년까지 미국 3대 대통령을 지냈어요. 당시 사상적으로 앞서 있던 유럽에서는 '사회계약론'이라는 정치철학이 사람들에게 큰 울림을 주고 있었습니다. 국가는 백성 위에 군림하지 않으며 개인의 자유와 평등을 보장하고 모두의 이익을 지켜야 한다는 내용이었습니다. 시민과 국가 사이에는 출발점에서부터 '사회계약'이라는 암묵적인 약속이 있다고 했어요. 그런데도 국가가 폭정을 저지른다면 국민과의 계약을 어겼으니 용납할 수 없다는 사상이었죠. 당시로서는 혁명적인 주장이었습니다.

미국 독립선언문의 바탕에도 이런 사상이 깔려 있어요. 1776년 7월 4일, 독립선언이 공식적으로 발표되었으며 미국인은 이날을 독립기념일로 삼고 미국 곳곳에서 화려한 불꽃놀이와 함께 성대한 축하 행사를 엽니다.

Q #독립_선언 #전쟁 #독립_쟁취 #건국의_아버지들 #연방공화국 #조지_워싱턴 #독립선언서

토크빌
미국 민주주의 핵심은 무엇일까요?

토크빌이 누구냐고요? 프랑스 정치인, 정치철학자예요. 알렉시드 토크빌(Alexis de Tocqueville, 1805~1859)은 1830년대에 미국을 여행한 뒤 미국의 민주주의 제도를 분석해서 책『미국의 민주주의De la démocratie en Amérique』를 냈어요. 1권은 1835년, 2권은 1840년에 출간됐고 지금까지도 많은 독자가 미국의 자유 민주주의를 알기 위해 이 책을 읽습니다.

1831년, 프랑스 정부는 당시 25세였던 토크빌을 미국에 파견했어요. 교도소 제도를 연구하기 위한 목적이었죠. 토크빌은 아홉 달 동안 미국을 여행하며 경제나 정치 제도 등 미국 사회의 여러 측면을 기록했습니다. 당시는 프랑스는 혁명정부가 다시 왕정으로 바뀌고, 공화제로 또 바뀌었다가 나폴레옹 황제의 제정으로 가는 격동의 시기였습니다. 왕정에서 정치인으로 활동하기도 했고, 훗날 외무장관도 지낸 토크빌은 "왜 공화제 민주주의가 유독 미국에서 성공했을까?"에 관심이 많았습니다. 그는 미국식 민주

주의가 프랑스에서 뿌리내릴 방법을 찾고자 했던 모양이에요.

　미국 민주주의의 핵심은 대의제예요. 대의제는 사람들이 표를 찍어서 정치적인 결정을 대신할 사람들을 뽑고, 선출된 사람들이 국민을 대신해 정치하는 시스템입니다. 대의제에 관하여는 뒤에서 자세히 살펴볼게요. 미국의 실용주의 정신은 모두가 자유롭고 평등하다는 사상에 기초합니다. 그러면서도 이념보다는 현실을 중시하죠. 토크빌은 이 정신을 높이 평가했습니다. 권력을 연방정부로 통합하되 주 단위의 자치를 보장함으로써 적절히 힘을 분산하고 시민의 정치 참여가 활발한 점 등을 유럽에 소개했습니다. 한편 토크빌은 대의제 민주주의의 위험성에 대해서도 지적했어요. 대의제 민주주의는 다수결로 결정돼 소수의 뜻은 무시당하는 '다수의 폭정tyranny of the Majority'으로 갈 위험이 있다는 내용이었죠 실용주의는 좋지만 각자의 욕심에 따라 정치가 휘둘릴 수 있고, 그렇게 되면 정부가 타락할 수 있다는 점도요. 노예제를 둘러싸고 미국이 갈라질지 모른다며 남북전쟁을 예언하기도 했어요.『미국의 민주주의』는 출간 직후 유럽과 미국에서 인기를 얻었고, 20세기에는 정치학, 사회과학 고전으로 자리잡았습니다.

　미국, 프랑스, 영국⋯⋯. 여러분이 '21세기의 토크빌'이라면, 민주주의를 배우기 위해 어떤 나라로 가보고 싶은가요?

🔍　#미국_민주주의의_핵심 #대의제 #실용주의_정신 #자유와_평등 #이념보다_현실 #자치

노예해방
흑인 노예에게 자유를!

'넌 내꺼야' 가수 경서가 부른 노래 제목이에요. 발랄하고 통통 튀는 사랑 고백 노래입니다. 가사를 보면 잃고 싶지 않을 만큼 사랑하는 연인에 대한 달달함이 물씬 느껴집니다. 그런데, '내꺼'라니, 정말로 한 인간이 다른 인간을 소유하는 일이 가능할까요? 심지어 사람을 사고팔기까지 한다면 어떨까요?

미국 독립선언을 보면, "모든 사람은 평등하게 태어났으며, 신으로부터 남에게 내줄 수 없는 권리를 부여받았다."라는 내용이 있습니다. 하지만 '건국의 아버지들'이 생각한 민주주의는 오늘날의 민주주의와는 달랐어요. 여성들과 흑인들은 온전한 시민이 될 수 없다면서 투표권도 주지 않았죠.

특히나 흑인들은 대농장에서 극심하게 착취되고 있었습니다. 유럽 국가에서 아프리카 주민들을 잡아다 물건처럼 팔았습니다. 유럽 상인들이 아프리카에서 노예를 사다가 대서양 건너 아메리카에 파는 이른바 '대서양 노예무역'이 기승을 부렸습니다.

물건처럼 팔려 와 낯선 땅에서 일하게 된 노예들의 삶은 비참했습니다. 대대로 노예가 되고 법적인 권리도 없을 뿐더러 극심한 노동에 시달려야 했죠. 하지만 노예제도가 얼마나 참혹한지 점점 많은 사람이 알고 죄책감을 느끼게 됐습니다.

세계 곳곳을 식민 통치하며 노예무역을 주도한 나라는 영국이었습니다. 바로 그 영국에서부터 18세기에 노예제 폐지 운동이 일어났습니다. 이윽고 1807년, 노예무역을 금지하는 법이 통과됐어요. 곧 유럽 여러 나라로 이런 조치가 퍼져나가면서 노예제는 점점 사라집니다.

반면 흑인 노예가 특히 많았던 미국에서는 문제가 커졌어요. 이 문제로 전쟁까지 벌어졌지요. 노예를 두는 것이 부도덕하다는 인식이 퍼졌을 뿐 아니라, 경제적으로 봐도 당시 미국은 산업이 발전해 가던 때였어요. 농장에서 목화를 따는 노예들보다 공장에서 일하는 노동자들이 더 필요한 상황이었죠. 노예제를 놓고 북부 주들과 남부 주들은 생각이 달랐습니다. 차츰차츰 노예들을 풀어주고 자유를 준 북부 주들과, 목화 농업 중심으로 여전히 노예에 의존하던 남부의 대립이 심해지더니 급기야 1861년, 남북전쟁이 일어났습니다. 1863년 1월 1일 에이브러햄 링컨(Abraham Lincoln, 1809~1865) 대통령은 노예해방을 선언했습니다. 그는

#시민 #투표권 #노동 #노예제_폐지_운동 #에이브러햄_링컨 #플랜테이션 #자유 #평등

선언문에서 "노예들은 영원히 자유의 몸이 될 것이다. 미국 행정부들은 그들의 자유를 인정하고 지켜줄 것이며, 그들이 진정한 자유를 얻고자 노력하는 데 어떠한 제약도 가하지 않을 것"이라고 약속했지요. 링컨은 선언문에 서명하면서 "내가 옳은 일을 한다는 확신을 지금 이 순간만큼 느껴본 적이 없다."라고 말했다고 해요.

노예를 포함해 모든 인간은 평등하다는 사상을 담은 링컨의 노예해방선언은 남북전쟁에 도덕적 명분을 부여하는 계기가 되었습니다. 그로부터 약 2년이 지난 1865년 5월, 전쟁은 북부의 승리로 끝났습니다.

미국 노예제를 이야기할 때 플랜테이션(plantation)을 빼놓을 수 없어요. 우리말로는 대규모 상업적 농업, 대농장이라고 합니다. 미국에서 플랜테이션이 형성된 시기는 독립 이전인 18세기 무렵이에요. 담배, 사탕수수, 면화 등을 대규모로 재배하는 농장들이 동남부 지역에서 확산해, 독립 이후에는 플랜테이션 규모와 숫자가 크게 늘어났어요. 지금처럼 농업이 기계화되기 전, 대규모 농업의 필수조건은 노동력 확보였기 때문에 플랜테이션들은 아프리카에서 끌려온 흑인 노예들을 사들여 혹독하게 착취했어요. 미국 건국의 아버지들 중 한 명이자 세 번째 대통령인 토머스 제퍼슨도 플랜테이션 농장주였답니다.

아이티 혁명
프랑스와 싸워
아이티를 세운 흑인 노예들

카리브해에 있는 섬나라 아이티Haiti는 에메랄드빛 바다를 품은 지상 낙원으로 불려요. 히스파니올라Hispaniola라는 섬의 서쪽 1/3은 아이티 공화국이고, 동쪽은 도미니카공화국이에요. 히스파니올라라는 이름은 1492년 크리스토퍼 콜럼버스가 이 섬에 도착해 붙였으며, '작은 스페인'을 뜻합니다. 스페인이 이 섬에 식민 정착지를 세운 때는 1496년이었어요. 섬의 원주민인 타이노족과 아라와칸족이 전염병과 학살에 몰살당한 후 아프리카에서 끌려온 흑인들이 노동력을 대체했어요. 이들이 바로 오늘날 아이티인의 선조이지요.

스페인은 17세기 초중반부터 섬의 서쪽을 서서히 점령해 오던 프랑스와 갈등을 겪다가, 결국 1697년 라이스윅 조약을 맺어 섬의 서쪽 1/3을 프랑스에 내줍니다. 이 지역이 현재 아이티 국토가 되었지요. 아이티에서는 프랑스 본국 정부의 간섭에 반발하는 백인 농장주들과 백인 노동자들, 노예에서 벗어나고자 하는 사탕

수수 농장의 흑인들, 노예보다는 대접받지만 백인에 비해서는 차별받는 '물라토mulatto(백인과 흑인의 혼혈)'들이 복잡하게 얽혀 서로 권리를 키우기 위해 저항하고 있었어요.

1794년에는 한 인물이 아프리카계 해방 노예 4,000명을 모아 게릴라 부대를 꾸려 싸움에 나섰습니다. 그의 이름은 프랑수아-도미니크 투생 루베르튀르(Francois-Dominique Toussaint L'ouverture, 1743~1803)입니다. 루베르튀르는 정식 군사훈련을 받은 적은 없었지만 타고난 지도자이자 군사 전략가였습니다. 이 과정에서 루베르튀르는 폐렴에 걸려 감옥에서 숨을 거뒀으나, 해방과 독립의 꿈은 결실을 맺었습니다. 루베르튀르가 죽은 이듬해인 1804년 1월 1일 해방노예들은 아이티를 건국했습니다. 10만 명의 흑인 노예와 2만 4,000명의 백인이 목숨을 잃은 끝에 쟁취해 낸 독립이었습니다.

영국과 싸워 미국을 세운 사람들은 백인 엘리트층이었던 반면, 프랑스와 싸워 아이티를 세운 사람들은 흑인 해방노예들이었습니다. 그 후 루베르튀르에게서 영감을 받은 수많은 혁명가가 중남미 곳곳에서 식민제국과 싸웠습니다. 프랑스 정부는 모든 영토에서 노예제를 폐지했습니다. 아이티 혁명은 우리에겐 잘 알려져 있지 않지만, 세계사적인 의미를 높이 평가받는 사건이랍니다.

흑인 해방 노예들이 세계 최초로 세운 국가인 아이티가 평화를 지켜내고 성공적인 번영을 이뤘다면 얼마나 좋았을까요? 현실은 그렇지 않답니다. 1804년 독립 이후 독재와 군부 쿠데타가 반복되면서 아이티는 극심한 정치적, 사회적 혼란을 겪었어요. 이로 인해 경제가 무너지면서 남북 아메리카 대륙 전체는 물론이고 전 세계에서 가장 가난한 국가가 됐지요. 2021년 조브넬 모이즈 당시 대통령 암살 이후엔 혼란이 더 악화해 국가조직이 사실상 붕괴하고 갱단이 활개를 치면서 수많은 사람이 목숨을 잃었어요.

유엔 통계에 따르면, 2023년 한 해 동안 아이티에서 4,789건의 살인사건이 발생해 전년 대비 119.4퍼센트 증가했다고 합니다. 설상가상으로 초대형 자연재해도 이어지고 있어요. 2010년 규모 7.0의 강진이 발생해 무려 31만 명 이상이 사망했고, 이후 콜레라가 퍼지면서 1만 명 이상이 사망했습니다. 초대형 허리케인이 휩쓸고 지나간 적도 많아요. 아이티 인구 1,100만 명 중 80퍼센트가 빈곤 상태이며, 절반가량이 굶주림을 겪고 있습니다.

Q #히스파니올라 #크리스토퍼_콜럼버스 #해방_노예_게릴라_부대 #해방과_독립의_꿈

공화국
대한민국은 민주공화국이다

지금까지 역사적인 사례 중심으로 살펴봤다면, 이제부터는 현대 사회의 민주주의 체제와 관련된 중요한 개념들을 짚어볼게요.

"대한민국은 민주공화국이다."

우리나라 헌법 제1조 1항입니다. 2항은 "대한민국 주권은 국민에게 있고, 모든 권력은 국민으로부터 나온다."이지요. 이처럼 주권이 국민에게 있는 정치제도를 가지고 있는 국가를 공화국이라고 합니다. 군주가 없는 보통 사람들의 국가, 국민에게 국가의 권력 즉 주권이 있다는 '국민주권주의'를 실현하려는 사상은 공화주의라고 하고요. 앞에서 여러 공화국을 소개했지요. 공화국을 의미하는 영어 'republic'은 '공공의 것'이란 뜻의 라틴어 '레스 푸블리카res publica'에서 나왔어요. 한자 문화권에서는 '공화共和'라는 말로 번역합니다. 공화는 공동으로 함께 화합한다는 의미입니다. 이 말에도 사실 긴 역사가 있습니다. 3,000여 년 전 중국 주나라 10대 국왕인 려왕(厲王, ?~기원전 828)의 폭정과 사치에 분노한 국민들이 폭동을 일으켜 왕을 쫓아냈어요. 그러고 나서 기원전 841년부터 14년 동안 국민의 존경을 받는 이들이 서로 협력해 나라를 다스렸으며 이때를 '공화시대'로 칭했고, 이 단어가 훗날 공화국이라는 현대 용어로 다시 쓰입니다.

공화제 또는 공화국을 내걸면서도 실제로는 특정 집단이 국가권력을 장악하거나, 개인이 독재하는 일도 있습니다. 북한이 대표적이지요. 북한의 공식 명칭은 '조선민주주의인민공화국'이에요. 국가지도자가 대를 이어 권력을 세습하고 독재하면서도 공화국이란 단어를 씁니다. 그러면 민주공화국democratic republic은 무엇일까요? 서로 약간 다른 의미를 가진 '민주주의'와 '공화주의'를 합친 말인데요, 민주주의는 시민들에 의해 지배되는 정치 체제를 뜻하고 공화주의는 투표로 선출된 시민 대표가 통치하는 것을 말해요. 모든 시민이 직접 국정에 참여하기가 현실적으로 어려운 민주주의의 단점을 공화주의로 보완하려는 국가가 바로 민주공화국입니다. 즉 민주공화국은 주권이 국민에게 있고, 국민이 선거로 뽑은 대표들이 국민을 위해 일하는 나라라고 할 수 있습니다. 우리나라는 1948년 7월 17일 국회에서 국호를 대한민국으로 정하고 대한민국 임시정부의 법통을 계승한 헌법을 제정함으로써 민주공화국 체제의 역사를 시작했습니다.

Q   #주권 #권력 #국민 #국민주권주의 #공화시대 #민주공화국 #대한민국 #국호 #체제

헌법
국가의 기본 법칙

우리는 사람이 지배하는 나라가 아니라 법의 지배로 통치되는 '법치국가'에 살고 있죠. 판단의 기본은 '법'입니다. 법은 어디에서 왔을까요? 하늘에서 뚝 떨어지지는 않았을 테고요. 법을 만들 때도 기준이 있어야 하는데, 그 기준은 누가 어떻게 정할까요? 바로 헌법憲法이 기준이 됩니다. 헌법은 국가의 기본 법칙이에요. 국민의 기본권을 보장하고, 국가의 정치조직을 만드는 원칙을 규정한 최고의 규범이죠. 영토의 범위, 국민이 될 수 있는 자격도 헌법으로 정해요. 헌법에 근거를 두고 다른 모든 법률이 만들어지니, 헌법은 무엇보다도 위에 있는 가장 중요한 원칙인 셈입니다.

'모든 법에 앞서는 근본적인 법'이라는 개념이 등장한 지는 오래됐어요. 하지만 다수의 사람이 그 법을 만드는 일을 직접 하게 된 지는 오래되지 않았습니다. 유럽의 근대를 거치면서 헌법들이 만들어졌고, 특히 프랑스 혁명 등을 통해 시민이 왕으로부터 주권을 가져오면서 헌법에 바탕을 둔 공화국들이 생겨났거든요.

20세기에는 제2차 세계대전이 끝나고 식민 통치를 받았던 나라들이 독립하면서 새로운 국가들이 연이어 탄생했습니다. 국가를 세우고 정부를 꾸리려면 먼저 헌법을 정하고, 그에 맞춰서 체제를 만들어야 했지요. 헌법을 만들기 위해 시민 대표들이 모인 합의체를 제헌국회 또는 제헌의회라 해요. 한국도 그런 과정을 거쳤습니다. 일본의 식민 지배에서 해방된 뒤에도 한국은 3년간 일본 제국을 무너뜨린 미군의 통치를 받았죠. 미군정 말기인 1948년 5월 10일 선거를 통해 전국에서 제헌국회의원들이 뽑혔습니다. 그리고 5월 31일 드디어 대한민국 제헌국회大韓民國制憲國會가 구성됐습니다. 우리 역사상 최초로 국민의 투표로 선출된 의원 198명이 1950년 5월 30일까지 한국의 헌법을 만들었어요.

대한민국 헌법 제1조는 이렇게 돼 있습니다. "① 대한민국은 민주공화국이다. ② 대한민국의 주권은 국민에게 있고, 모든 권력은 국민으로부터 나온다." 제2조는 국민의 자격, 제3조는 영토에 대한 내용이에요. 이어 통일을 지향하고 전쟁을 부인하며, 국제 평화를 위해 노력한다는 내용을 담았습니다.

여러분이 만일 우리나라 헌법을 다시 만든다면, 혹은 고칠 수 있다면 어떤 내용을 담고 싶은가요?

Q　#법 #법치국가 #기준 #제헌 국회 #제헌의회 #투표 #모든_법에_앞서는_근본적인_법

헌법재판소
법률은 헌법의 원칙과
일치해야 한다

헌법에 맞추어 법률을 만들어야 한다고 앞에서 이야기했지요. 법률은 헌법에 위배되지 않아야 합니다. 하지만 현실에서는 법률과 헌법 사이에서 시끄러운 일이 종종 일어납니다. 의회에서 법을 만들거나 법원에서 법을 해석하여 판결할 때, 그 법률이나 해석이 헌법에 맞는지 아닌지에 관해 논란이 벌어질 때가 있어요. 그럴 때는 개별적인 사건이 아니라 사건에 적용되는 법의 내용이 헌법에 맞는지 살펴보아야 합니다. 또는 해당 법을 그렇게 해석하는 게 헌법에 규정된 원칙에 위배되는 건 아닌지 판단해야 해요. 헌법재판소는 이런 부분을 전문적으로 판단하는 기관입니다.

헌법재판이 처음으로 이루어진 곳은 1803년 미국 연방대법원이에요. 당시 미국은 영국에서 막 독립한 신생 국가였어요. 헌법재판을 통해 사법부의 독립과 권한을 확립하게 되었지요. 유럽에서는 1920년 오스트리아가 처음으로 헌법재판소를 설치하면서 헌법재판이 시작됐어요. 기존 재판소에 더해 위헌법률심판권까지 가진 독립적인 헌법재판소는 오스트리아가 세계 최초라고 합니다. 모든 나라가 헌법재판소를 별도로 두고 있지는 않습니다. 한국처럼 따로 설치한 나라도 있고, 미국처럼 대법원에서 헌법과 관련된 모든 결정을 내리는 나라도 있어요.

과거 한국에서는 헌법재판소를 일반 법원과 분리하려는 움직임이 몇 번이나 있었습니다. 그러나 독재정권 시절에는 헌법재판소를 따로 두기가 어려웠어요. 그러다가 1987년에 민주화와 함께 헌법 자체가 바뀌면서 그 이듬해 헌법재판소가 만들어졌지요.

헌법재판소에서 판단을 내리는 사람을 '재판관'이라고 불러요. 법관 자격을 가진 재판관 9명으로 구성되고 이들은 대통령이 임명합니다. 하지만 모두 대통령 마음대로 뽑을 수는 없어요. 3명은 국회가, 3명은 대법원장이 지명하거든요. 헌법재판소장은 국회의 동의를 얻어 재판관 중에서 대통령이 임명합니다. 재판관들의 임기는 6년이지만 법에 따라 연임할 수 있습니다.

우리나라 헌법재판소는 법률이 헌법에 위반되는지 따지는 위헌법률심판, 그리고 대통령 등 고위 공직자의 탄핵을 결정하는 심판, 정당을 해산할지 결정하는 심판, 어떤 일을 관할하는 기관이 중앙정부인지 지방자치단체인지 등 관할을 정하는 권한쟁의심판 등이 있어요. 국가 기관이 헌법에 보장된 기본권을 침해

#재판관 #위헌법률심판 #탄핵심판 #정당_해산 #권한쟁의심판 #헌법소원 #기본권 #위헌

한다고 여겨질 때는 개인이 헌법재판소에 '헌법소원'을 낼 수 있습니다. 헌법소원에 대한 심판도 헌법재판소가 관장해요. 법률의 위헌 결정이나 탄핵, 정당해산, 헌법소원 등은 헌법의 원칙과 관련되어 있으니 민주국가의 기본과도 이어진다고 봐야겠죠. 그래서 더욱 신중해야 합니다. 결정할 때는 재판관의 3분의 2 이상인 6명 이상이 찬성해야 합니다.

1988년에 문을 연 우리나라 헌법재판소는 국민의 기본권을 보호하고 헌법을 수호하는 기관으로 자리매김해왔습니다. 특히 동성동본 결혼 금지, 호주제, 야간 옥외집회 금지, 양심적 병역 거부 등에 대한 결정은 국민의 기본권을 보장하고 법치주의를 실현한 헌법재판소의 대표적인 사례로 손꼽힙니다. 동성동본 결혼 금지제가 헌법 원칙에 어긋난다는 헌법재판소의 판결은 1997년에 내려졌어요. 남녀칠세부동석과 함께 대표적인 유교 이념으로 유지돼왔던 동성동본 결혼 금지는 시대변화와 맞지 않고, 국민의 행복추구권을 보장하는 이념과 맞지 않다는 것이 재판소의 판단이었습니다. 2005년 헌법재판소는 아버지에서 아들로 이어지는 남계혈통만을 인정한 호주제에 대해 성차별적이기 때문에 헌법의 평등 원칙에 위반한다는 판결을 내렸지요. 2024년 4월과 5월에는 정부의 부실한 기후 위기 대응이 국민 기본권을 침해하는지를 다투는 '기후소송' 공개변론이 헌법재판소에서 열리기도 했답니다. 이종석 헌법재판소장은 변론 머리에 "정부가 정한 온실가스 감축 목표가 불충분해 기본권을 침해하는지 여부가 주된 쟁점"이라며, "사건의 중요성과 국민적 관심을 인식해 충실히 심리하겠다."고 밝혔어요.

018

성문법과 불문법

문서화된 법이냐,
관습과 판례냐

우리나라 법률이 궁금하다면 '국가법령정보센터' 웹사이트에 들어가보세요. 노동법, 공무원, 건축 및 안전과 관련한 법을 비롯해 한국의 모든 법률을 살펴볼 수 있어요. 법들은 문서로 정리돼 있어서, 법원에서 판결할 때는 법 조항을 바탕으로 결정합니다. 성문법成文法, Statute Law은 법을 만드는 기관인 의회가 절차에 따라 제정해 문서로 못박아둔 법이에요. 대한민국 헌법과 법률은 문서로 명시된 성문법이죠. 불문법不文法, unwritten law은 문서로 정리해놓지 않았어도 사회의 '규범'으로서 법처럼 받아들여져요. 영국인들은 따로 헌법을 제정하지 않고 '마그나카르타'를 헌법에 준하는 것으로 여겨요. 영국 헌법은 불문법이죠. 미국은 1787년에 세계 최초로 성문헌법을 만들었지만, 영국과 마찬가지로 불문법과 판례를 중시하는 나라로 분류됩니다.

불문법에는 '관습법'과 '판례법'이 있어요. 관습은 오랫동안 사회 구성원들이 행해오던 질서나 풍습으로, 관습법은 말 그대로 관습처럼 해와서 사람들이 법처럼 받아들이는 규범을 말해요. 판례법은 뭘까요? 판사가 법 조항에 엄격하게 근거를 두고 판결하기도 하지만, 비슷한 사건이나 참고가 될 만한 사건에서 과거에 법원이 어떤 결정을 했는지를 보고 판결하는 경우도 많아요. 판례들이 쌓이고 쌓이면 법과 마찬가지로 판결의 기준이 됩니다. 어떤 관습에 법적인 효력이 있다고 볼지, 판례를 어떻게 해석할지는 모두 법원이 결정해요. 관습법과 판례법은 그 자체로 법이라기보다는 오랜 관습과 사회 다수의 생각을 법원이 '법처럼 인정해준다'는 것을 가리키는 개념어인 셈입니다.

한국은 성문법의 나라이지만 관습법도 작용합니다. 2004년에 수도를 충청남도로 옮기는 '신행정수도의 건설을 위한 특별조치법'이 만들어졌어요. 헌법재판소는 이 법이 '관습헌법에 위반된다'며 위헌 결정을 내렸어요. 헌법에 '수도는 서울이다.'라고 정해져 있지 않아도 다수가 그렇게 인정해왔으니, 수도를 바꾸려면 법만 따로 만들 것이 아니라 헌법을 고치라고 했지요.

관습헌법의 또 다른 사례로 태극기(국기)와 애국가(국가), 한국어(국어) 등을 꼽을 수 있어요. 이는 민족의 본질적 특성이자 오랜 관습으로 국민 공통의 합의가 확고한 만큼 헌법으로 굳이 규범화할 필요가 없어 관습헌법에 합치한다고 볼 수 있습니다.

🔍 #문서로_정리된_법과_규범처럼_받아들여지는_법 #관습법 #판례법 #헌법재판소 #합의

019

기본권
사람답게 살기 위해 보장받아야 할 권리

'사람답게 산다.'라는 것은 무엇일까요?

'사람답게 살려면 이 정도는 누려야 한다.'라고 모두가 인정하는 조건들이 있어요. 우선 굶지 않아야 하겠지요. 교육을 받을 수 있어야 하고, 깨끗한 환경에서 거주하며, 안전을 보장받을 수 있어야 합니다. 타인에게 강제되지 않고 자신의 생각을 유지할 수 있는 사상의 자유, 자유롭게 자신의 생각을 드러낼 수 있는 표현의 자유, 내가 가고 싶은 곳으로 가고 살고 싶은 곳에서 살 자유도 있어야 합니다. 갇혀 있거나 묶여 있지 않을 권리, 사생활에 관련된 것들을 내가 스스로 결정할 권리, 보호받을 권리, 뜻 맞는 사람들과 함께 모일 권리도 필요하고요.

국민이 보장받아야 할 기본적인 권리를 '기본권'이라고 부릅니다. 18세기에 유럽의 계몽주의 사상가들이 인간의 보편적인 권리를 주장하면서 기본권 개념의 틀이 만들어졌습니다. 그 이전까지만 해도 대다수 사람이 기본권을 누리지 못했어요. 이 무렵, 누구나 태어날 때부터 권리를 갖고 태어난다는 '천부인권론天賦人權論'이 힘을 얻었습니다. 미국 버지니아주 의회가 1776년에 채택한 '버지니아 권리장전'과 1789년 '프랑스 인권선언'은 인간의 기본권을 공식적으로 표현한 의미 있는 선언들이었습니다.

'버지니아 권리장전'은 세습·특권적 계급 개념을 배제하고 생명과 자유, 재산권을 보장한 근대적 인권선언이었습니다. 모든 인간은 태어날 때부터 평등하며 자유롭고도 자주적이며 자연적으로 주어진 권리들을 갖고 있으며, 그 누구도 이 권리를 박탈할 수 없다고 선언했지요. '프랑스 인권선언' 역시 모든 인간은 자유롭고 평등한 권리를 가지고 태어났다고 선언함으로써 근대 시민사회를 형성하는 데 중요한 역할을 했습니다. .

한국에서는 1948년 '구속적부심사제도'를 도입하면서 최초로 기본권을 보장한 제도를 마련했습니다. 미군정 밑에서 이루어진 일이었어요. 말이 어렵다고요? 하나씩 짚어볼게요. 여러분은 구속받기를 싫어하지요? 구속은 행동이나 피의자의 자유를 제한하거나 속박한다는 뜻을 가지는 동시에, 법원이나 판사가 피의자나 피고인을 강제로 일정한 장소에 잡아 가두는 일을 의미하기도 합니다. '구속'은 사람의 기본권인 신체의 자유를 제한하기 때문에 그 사람을 꼭 구속할 필요가 있는지, 적절한지 부적절한지 꼼꼼히 들여다봐야 합니다. 구속될 처지인 사람이 엄밀한 심사 절차를 요구할 수 있도록 구속적부심사제도를 마련해두었어요.

이어 1948년 제정된 헌법은 평등의 원칙과 신체의 자유, 노동자의 권리 등등의 기본권을 국가가 보장하도록 명시했습니다.

기본권은 인종, 성별, 종교나 신분 등에 상관없이 누구나 누려야 할 권리입니다. 헌법이나 법률로 보장하지 않아도, 국가가 인정하지 않아도, 태어날 때부터 모두에게 있는 권리예요. 남에게 넘겨줄 수도 없고 누군가 대신 행사할 수도 없고요. 그럼에도 실제로는 기본권이 침해되는 일이 적지 않기 때문에 법과 제도로 보장하고 있지요.

예를 들어, 장애인의 기본권이 보장받지 못하는 경우를 볼게요. 장애인은 인간으로서의 존엄과 가치 및 행복을 추구할 권리를 보장받기 위하여 장애인 등이 아닌 사람들이 이용하는 시설과 설비를 동등하게 이용하고 정보에 자유롭게 접근할 수 있는 권리를 가지고 있습니다. 그러나 현실에서는 그렇지 못한 경우가 많아요. 장애인 활동가들은 "이동할 권리는 기본권"이라면서, 장애인이 쉽고 안전하게 이동할 수 있는 대중교통 시설을 마련해달라고 주장합니다.

여러분이 생각하는 가장 중요한 인간의 기본권은 무엇인가요? 우리 모두 기본권을 누리기 위해 국민으로서 해야 할 의무는 무엇인지에 대해서도 생각해봅시다.

#자유 #보편적인_권리 #천부인권론 #버지니아_권리장전 #프랑스_인권선언 #인간의_존엄성

표현의 자유
생각을 드러낼 권리

'유명 아이돌 그룹 멤버 ○○의 폭로!'

'배우 ○○ 충격 사생활!'

어떤 유튜버들은 연예인이나 유명인에게 일어난 이슈를 악의적으로 편집해 영상을 게시합니다. 유명인을 비하하고 비난하는 영상을 콘텐츠로 올리지요. 일명 '낚시성' 제목으로 조회수를 높여 돈을 벌어요. 가짜뉴스도 버젓이 올리고요. 연예인, 유명인이 소속된 기획사가 고소해도 얼마 안 되는 벌금만 내고 말 뿐입니다. 이들을 엄벌에 처하기 위해 법을 바꾸려고 한다면, 아마도 '표현의 자유'를 침해한다는 비판이 일어날 거예요.

표현의 자유freedom of speech는 누구든 자기 견해나 생각을 자유롭게 표현할 수 있는 자유를 말해요. 말하고, 쓰고, 그림을 그리고, 혹은 영상을 비롯한 여러 표현물로 만들어서 드러내 보일 권리를 가리킵니다. 거기에는 개인뿐 아니라 단체도 포함되지요. 법에 위반되는 것, 혹은 여러 사람이 바람직하지 않다고 여기는 생각이라 할지라도, '생각하는 것'까지 막아서는 안 돼요. 이를 '사상의 자유'라고 한다면, '표현의 자유'는 사상을 겉으로 드러내 말하는 자유라고 할 수 있어요. 민주주의는 표현의 자유를 억압하는 검열이나 처벌을 원칙적으로 금하고 있습니다.

근대가 되기 전에는 세계에서 사상의 자유나 표현의 자유를 인정하지 않는 곳이 많았습니다. 조선시대에는 유교 이념에 반대하는 사람을 '사문난적斯文亂賊', 즉 도리를 어지럽히는 역적으로 몰아 처벌했습니다. 유럽에서도 사정은 비슷했습니다. 로마가톨릭의 교리를 부정했다가는 종교재판에 끌려가 처벌받았죠. 종교개혁이 일어난 뒤에 프랑스의 앙리 4세가 1598년 '낭트 칙령'을 내려서, 개신교 일파인 위그노Huguenot의 종교 자유를 인정해줬어요. 이는 개인의 신앙에 대해 사상의 자유를 인정한 첫 사례로 꼽힙니다.

미국 독립선언과 프랑스 인권선언은 '천부인권'과 함께 표현의 자유를 기본권으로 규정했습니다. 1948년 채택된 유엔 세계인권선언 역시 국가와 민족, 종교, 이념을 가리지 않고 표현의 자유가 인간의 기본적인 권리임을 19조에서 밝혔고요. 하지만 실제로는 개인의 생각과 표현을 가지고 국가기관이나 독재자가 국민을 억압하는 일이 종종 일어나요. 그래서 자기 나라를 떠나 다른 나라로 피신하는 이들도 적지 않습니다.

기억해둘 점이 있어요. 표현의 자유는 무제한으로 보장되지 않습니다. 표현의 자유로 인해 다른 사람이 피해를 보면 안 되겠지요? 타인을 모독하거나 누군가의 명예를 훼손한다면 법으로 규제받습니다. 과거 나치 정권의 인종차별과 유대인 학살이 일어난 독일은 '반나치법'을 만들어서 나치의 상징이나 구호, 나치를 옹호하는 표현을 금지하고 있어요. 또한 많은 국가가 민족, 인종, 종교, 성 정체성, 장애 등을 이유로 개인 또는 집단의 명예를 훼손하는 행위 및 모욕적 표현 등을 법으로 규제하고 있습니다.

드레퓌스

프랑스를 바꾼
"나는 고발한다"

특정 인종 또는 민족이라는 이유로 죄 없는 사람이 죄인으로 몰리면 어떨까요? 글씨체가 범인과 비슷하다는 이유만으로 진범으로 몰린다면요? 상당히 억울하겠지요. 실제로 이런 일이 일어난 적이 있답니다. 1870~1871년 프랑스와 프로이센(오늘날의 독일)이 전쟁을 치렀습니다. 전쟁이 일어나자 프랑스에서는 국가의 군사력을 숭상하는 '군국주의軍國主義'와 '애국'을 모든 행동의 판단 근거로 삼는 애국주의 바람이 일어났어요.

알프레드 드레퓌스(Alfred Dreyfus, 1859~1935)는 당시 프랑스 군인이었어요. 그런데 파리에 있는 독일 대사관에서 새어나간 문서의 필체가 드레퓌스의 글씨체와 비슷하다는 이유로 1894년에 체포됐습니다. 심지어 간첩으로 몰려 종신형을 선고받고 외딴섬에 유배됐어요. 드레퓌스가 범죄를 저질렀다는 증거가 별로 없는데도 군 당국은 그를 범인으로 몰아갔어요. 드레퓌스는 유대인이었는데, 유대인들을 혐오하던 프랑스 사회 분위기와 애국주의가 맞물리면서 죄 없는 사람이 죄를 뒤집어썼어요. 그러다 3년 뒤, 진범이 붙잡혔고 진범에게 명백한 증거가 있었는데도 군부는 거짓이 들통날까 두려워 증거를 조작하고 진범을 풀어줬어요. 프랑스 지식인들은 드레퓌스 편에 섰습니다. 진실을 위해 싸우기로 나선 거예요. 특히 작가이자 언론인으로 명성이 높았던 에밀 졸라(Émile Zola, 1840~1902)가 크게 활약했습니다. 에밀 졸라는 「나는 고발한다J'accuse」라는 제목의 글을 신문에 기고해 군부의 부도덕을 대중에게 알렸습니다.

에밀 졸라를 비롯해 작가들과 언론인들이 목소리를 높였던 이 사건은 약자의 편에 서서 진실을 지켜낸 '지식인의 양심'을 보여주는 대표적인 사례로 꼽힌답니다. 지식인들은 드레퓌스 개인뿐만 아니라 인간으로서 당연히 누려야 할 인권과 민주주의를 위해 나섰지요. 사회 전체에서 거센 논쟁과 시위가 벌어진 끝에 1906년 재판이 다시 열렸고, 드레퓌스는 무죄 판결을 받았습니다.

드레퓌스에게 죄가 없다는 판결이 난 이후, 드레퓌스라는 한 사람의 운명이 바뀌는 것을 넘어 프랑스 정치에 변화가 일어났습니다. 사건을 조작한 군부를 개혁해야 한다는 목소리도 높아졌지요. 군부의 힘은 줄었습니다. 군부와 손을 잡고서 다시 국왕이 지배하는 나라로 가야 한다고 주장했던 왕당파 세력도 약해지고 공화주의가 굳건해졌습니다. 유대인들을 비방하며 '반유대주의'에

앞장서고 공화제에 반대한 가톨릭교회의 영향력은 줄고, 정치와 종교를 분리하는 원칙이 만들어졌습니다.

　프랑스는 헌법 1조에 '프랑스는 불가분적, 비종교적, 민주적, 사회적 공화국'이라고 규정하여 정교분리원칙을 중요한 국가 원칙 중 하나로 추구하고 있어요.

신해혁명
현대국가 중화민국 탄생

이번엔 중국으로 가볼게요. 중국의 정식 국가명칭은 중화인민공화국입니다. 최고지도자의 직책은 국가주석입니다. 2013년부터 시진핑(習近平, 1953~)이 권력 서열 1위인 국가주석으로 재임하고 있어요. 그렇다면 중국 왕정은 언제 무너져 공화정으로 갔을까요?

1911년 청나라를 멸망시키고 중화민국을 성립한 신해혁명辛亥革命은 중국 공화정의 기점입니다. 서구 열강은 영토가 거대하고 자원이 풍부한 중국을 장악하기 위해 호시탐탐 기회를 노리고 있었어요. 이때 청나라에 결정타를 날린 사건이 있었습니다. 바로 아편전쟁입니다. 아편은 마약이죠. 중국 시장을 뚫을 힘이 없었던 영국 상인들은 인도에서 생산한 아편을 약으로 속여 중국에 다량으로 수출해 많은 돈을 벌었습니다. 이를 영국 정부가 후원했고요. 1830년대에 중국의 아편 수입량은 이전에 비해 여덟 배나 늘어나 당시 세계에서 단일 상품으로는 최고의 교역 물품이

75

됐어요. 영국은 아편 거래에서만 매년 15퍼센트의 높은 수익을 올렸습니다. 예를 들어, 1870년 한 해 동안 아편 무역으로 발생한 영국의 대중국 무역 흑자가 최소 1,300만 파운드에 달했다고 합니다. 그러다 19세기 중반에 청 왕조가 아편을 단속하자 아편을 수출하던 영국이 중국을 공격했습니다. 1840~1842년 1차 아편전쟁에 이어, 1856~1860년 2차 아편전쟁이 벌어졌지요. 두 번의 전쟁에서 패배한 중국은 서구 제국과 불평등조약을 체결하고 크게 쇠약해졌습니다. 외세 앞에 정치는 무력했고 경제는 쇠락했습니다. 대중의 불만은 나날이 커져갔고 1900년에는 외세에 맞선 '의화단義和團 운동'이 일어납니다.

청나라 조정도 열강에 맞서 광서변법光緖變法이라고 부르는 조치를 비롯해 정치개혁을 추진했으나 성공적이지 못했습니다. 외국의 침략과 수탈에 맞서 일어난 운동은 점차 무능한 청 왕조를 넘어 입헌군주제로 가기 위한 운동으로 발전했습니다. 입헌군주제에 대해서는 뒤에서 다시 설명할게요. 청나라 지배층은 만주족이었는데, 인구의 다수를 차지하는 한족 사이에서는 만주족에 대한 반감도 적지 않았습니다.

광둥广东성 태생으로 홍콩에서 의학을 공부한 쑨원(孫文, 1866~1925)은 중국을 뒤바꿀 혁명의 뜻을 품었습니다. 미국 하와이와 일본, 유럽 곳곳을 돌면서 중국인 조직을 만들고 삼민주의三民主義라는 정치사상을 가다듬었어요. 삼민주의에 속하는 세가지는 민족주의民族主義, 민권주의民權主義, 민생주의民生主義입니다. 중국 민족, 시민의 권리, 사람들의 삶의 질을 중시하는 것으로 이해하면 되겠네요.

1911년 청나라가 철도를 담보 삼아 외국에 빚을 얻으려 하자, 남서쪽 쓰촨四川성에서부터 청나라에 반대하는 무장투쟁이 시작됐습니다. 혁명가들은 청나라로부터의 독립을 선언했고 이듬해 초에는 난징南京에서 쑨원을 임시 대총통으로 하는 중화민국 임시정부를 세웠습니다.

혁명 세력은 분열됐고 정치 혼란이 벌어졌으나, 노예 신분이던 백성들을 해방하는 등의 성과를 거뒀습니다. '민', 즉 '民'이라는 한자는 백성을 의미해요. 백성을 내세운 쑨원의 사상은 현대 중국 정신의 기본이 됐고 쑨원은 지금도 '중국의 아버지', 국부國父로 추앙받고 있습니다.

#국가주석 #중화인민공화국 #혁명 #삼민주의 #삶의_질 #백성을_내세우다 #중국의_아버지

삼권분립
국가권력의 견제와 균형

'국가' 하면 무엇이 가장 먼저 떠오르나요? 정부, 국민, 정책, 법……. 여러 가지가 있겠지요. 그중에서도 정부와 관련한 소식을 뉴스와 신문에서 자주 접합니다. 사람들도 정부에 관한 이야기를 많이 해요. 나라 살림을 비롯해 여러 정책으로 국민을 위해 '행정'을 펼치는 주체는 정부입니다. 정부가 하는 일은 법에 따라 이뤄져야 합니다. 그런데 법을 만드는 사람들이 행정도 하고 재판도 하면 어떻게 될까요? 모든 권력이 한군데로 쏠리게 되겠지요? 그래서 권력을 나누어 놓아야 할 필요가 있어요.

　앞서 토크빌을 소개했지요. 토크빌이 그의 책에서 상세히 설명한 미국 민주주의의 특징 중 하나는 삼권분립三權分立입니다. 삼권분립을 '권력분립'이라고도 해요. 법을 만드는 입법부 즉 '의회'와 법에 따라 심판하는 법원 즉 사법부는 독립되어 있어요. 이렇게 행정부, 입법부, 사법부가 독립된 힘을 가지고 서로 감시하고 견제하도록 한 원칙을 삼권분립 혹은 권력분립이라고 불러요.

민주주의 국가의 정부라 해도, 직접 국민이 선출하지 않은 관료나 공무원들이 대부분의 일을 맡아 합니다. 하지만 정부의 우두머리인 대통령이나 총리는 대개 의회의 투표나 국민의 투표로 선출된 사람들이 맡습니다. 법을 만드는 의회는 국민의 뜻을 대변해야 하기 때문에, 역시 국민이 선출하는 것이 일반적이죠.

사법부는 투표로 뽑힌 이들이 아니라 일종의 시험을 보고 업무 능력을 인정받는 절차를 거친 사람들로 구성되기도 합니다. 우리나라는 이러한 방식으로 사법부를 구성해요. 그러나 미국처럼 사법부 핵심 구성원들까지 선거로 뽑는 나라도 있어요. 유엔 세계인권선언은 인권을 지키려면 사법부가 독립적이야 한다고 밝히고 있습니다. 재판이 공정하지 않고 정치권력의 입맛에 맞춰 휘둘리면 개인의 기본권마저 위협받을 수 있기 때문입니다.

권력을 나눠야 한다는 생각은 언제부터 제기되었을까요? 기원전으로 거슬러 올라가봅시다. 기원전 2세기에 살았던 그리스 역사가 폴리비우스(Polybius, 기원전 203~120)는 『역사Historiae』라는 책에서 로마 공화정을 설명했어요. 공화정은 군주의 성격을 가진 집정관, 귀족들의 뜻을 모으는 원로원, 시민들의 의견을 담는 평민회의가 권력을 나눠 갖는 체제라면서 로마 공화정 체제를 높이 평가했지요. 하지만 이런 생각은 긴 세월 묻혀 있다가 근대에 다시 꽃을 피웠습니다.

영국 철학자 존 로크는 1690년 『정치이론』을 통해 입법권과 집행권의 분리를 주장했고, 프랑스 철학자 몽테스키외는 1748년 『법의 정신』에서 입법, 행정, 사법의 분리를 주장했습니다. 사상 최초로 권력분립을 헌법에 명시하고, 그 원리를 바탕으로 정부를 세운 나라는 미국입니다. 또 미국은 사법부, 그러니까 법원의 완전한 독립을 보장한 첫 번째 국가이기도 합니다.

의회
대의 민주주의의 꽃

서울 여의도는 대한민국 정치가 이루어지는 중심 지역입니다. '국회國會'가 열리는 곳이 여의도이기 때문이에요. 국회는 말 그 대로 '국회의원들이 국회의사당에 모여서 하는 회의'입니다. 법을 만드는 입법부를 의회議會라고도 해요. 나라마다 의회 이름은 다릅니다. 이스라엘 입법부는 '크네셋Knesset', 이란 이회는 '마즐리스Majlis'라고 합니다. 세계 최초의 의회는 아이슬란드의 알 팅기Alþingi입니다. 930년에 처음 만들어졌대요. 현대적인 의회의 틀이 잡힌 곳은 영국입니다. 앞서 설명한 명예혁명을 거치면서 의회와 군주의 권력이 분리됐고, 의회가 시민을 대표하는 기구로 자리를 잡아나갔습니다. 숫자로만 보면 세계에서 가장 큰 의회는 중국의 전국인민대표대회全國人民代表大會입니다. 참가자가 2,980명이나 되거든요. 하지만 민주 선거로 국민들이 대표를 뽑는 게 아니기 때문에 진정한 의미의 의회라고 보기 어렵습니다.

우리나라는 의회가 하나인 단원제單院制예요. 의회민주주의의 원조인 영국은 합의체가 상원과 하원으로 나뉜 '양원제兩院制'를 채택하고 있습니다. 영국의 상원은 귀족 제도의 유산이에요. 국민이 뽑는 하원 의원들과 달리 상원 의원들은 하원의 동의를 얻어 국왕이 임명하는 형식이에요. 세습되는 귀족 출신들이 많고요. 미국도 상원과 하원이 따로 있습니다. 50개 주에서 각기 2명씩 상원 의원을 뽑고, 이렇게 모인 총 100명이 6년 동안 임기를 수행합니다. 하원은 의원 수가 435명으로 훨씬 많고 임기는 2년입니다. 인구 14억 명으로 '세계 최대 민주주의 국가'라 불리는 인도에도 '라지야사바'라는 이름의 상원과 '로크사바'라는 하원이 있습니다.

맨 처음 대한민국 국회는 민의원, 참의원으로 구성된 양원제였다가 1963년부터 지금처럼 단원제로 바뀌었어요. 국회의원 수는 300명이고 임기는 4년입니다. 만 18세 이상의 국민이라면 누구든 투표에 참여할 수 있고 후보로도 나설 수 있어요. 의회는 국민을 대표하는 사람들이 법을 만드는 곳입니다. 정부를 견제하는 역할도 하고요. 정당들이 의회에서 경쟁하고, 법안을 놓고 이해당사자들이 모여 토론하며, 정부의 중대한 실책이 있으면 조사합니다. 그래서 의회는 대의 민주주의의 꽃이자 핵심적인 기구로 일컬어집니다.

#국회 #단원제 #양원제 #상원 #하원 #시민_대표 #정부_견제 #법안 #대의_민주주의 #임기

내각제와 대통령제
총리 중심 정부와
대통령 중심 정부

국가의 대표는 누구일까요? 국민이라고 답할 수도 있고 대통령 혹은 총리, 국왕이라는 대답이 나올 수도 있겠네요. 나라와 나라가 약속하거나, 국가가 책임져야 할 일이 있으면 그 대표는 누가 되는 걸까요?

2021년 12월, 앙겔라 메르켈(Angela Merkel, 1954~) 독일 총리가 퇴임했어요. 취임한 지 16년 만의 일입니다. 그해 총선에서 사회민주당이 승리했고, 사회민주당에 속한 올라프 숄츠(Olaf Scholz, 1958~)가 새 총리로 취임했지요. 독일처럼 전국에서 치러지는 총선거에서 의석을 가장 많이 차지한 정당이 행정부를 구성하는 제도를 '의원내각제'라고 해요. 내각책임제라고도 부르지요. 총선에서 어느 한 정당이 의원 수의 절반 이상을 차지하지 못하면 몇몇 정당이 손잡고 정부를 구성하기도 합니다. 이런 경우를 '연립정권', 줄여서 연정이라고 불러요.

총리와 각 정부 부처의 수장들, 즉 장관들을 가리켜 '내각'이라 합니다. 의원내각제에서는 총리가 내각을 꾸려 행정부를 이끕니다. 내각이 정치를 잘하지 못한다 싶으면 의회가 '불신임'할 수 있어요. 말 그대로 신임하지 못한다는 이야기예요. 총리가 소속된 집권당 안에서 권력 다툼이 일어나거나 연정을 구성하고 있던 정당들이 갈라서버리는 바람에 연정이 무너지는 일도 생깁니다. 그렇게 되면 총리와 장관들이 물러나고 내각을 다시 꾸립니다. 총리가 보기에 '아예 국민들로부터 심판받은 뒤 힘을 모아 새 정부를 꾸려야겠다.' 싶을 때는 의회를 해산해버리기도 해요. 의원들 임기가 아직 끝나지 않았지만 '조기 총선'을 치러서 새로 정부를 세우는 거예요. 2024년 7월 4일 영국에서는 조기 총선이 치러져 14년 만에 정권이 보수당에서 노동당으로 바뀌었어요. 이에 따라 총리도 리시 수낵에서 키어 스타머로 교체됐지요.

대통령제는 국민이 뽑은 대통령이 국가원수이자 행정부의 책임자가 되는 제도를 말해요. 의회가 지지하든, 지지하지 않든 간에 대통령은 국민이 뽑았으니 막강한 권한을 행사합니다. 중대한 잘못을 했을 때 '탄핵'될 수 있지만 대통령을 탄핵하는 일은 아주 예외적이죠.

의원내각제를 채택한 나라에도 대통령이 존재하는 경우가 있어요. 독일과 인도에서 대통령은 국가원수로서 상징적인 권위를 가지고 있습니다. 외국과 조약을 맺을 때, 총리에게 임명장을 줄 때, 의회 해산을 최종적으로 승인할 때 대통령이 그 절차를 맡아 진행합니다.

대통령제이지만 의원내각제와 섞은 성격을 띠는 국가도 있습니다. 프랑스에서는 국민이 직접 선출한 대통령과 의회의 지지를 얻은 총리가 공동으로 정부를 책임집니다. 그래서 가끔은 대통령과 총리가 소속된 정당이 다른 일이 벌어지기도 해요.

한국에서는 국무총리가 대통령 밑에서 정부 부처들의 운영을 총괄합니다. 국회의원이 장관이 되기도 하지요. 하지만 대통령 권한이 너무 막강하다는 이유로 논란이 많았어요. 그렇다면 우리도 의원내각제로 가는 편이 좋을까요? 아니면 대통령제를 유지하는 게 좋을까요? 여러분은 어떻게 생각하는지 궁금합니다.

양당제
세력이 비슷한 두 정당이
경쟁하는 체제

지금 미국 대통령이 누구인지 알고 있나요? 2024년 현재 미국 대통령은 조 바이든(Joe Biden, 1942~)입니다. 민주당 소속으로, 46번째 대통령이죠. 제45대 대통령 도널드 트럼프(Donald Trump, 1946~)는 공화당, 제44대 대통령 버락 오바마(Barak Obama, 1961~)는 민주당, 제43대 대통령 조지 W 부시(George W Bush, 1946~)는 공화당 소속이었습니다. 20세기가 시작된 이후 지금까지 120여 년 동안 미국에서 대통령을 맡은 사람은 21명이며, 그 가운데 12명이 공화당 소속이고 9명은 민주당 소속입니다.

'미국 정당' 하면 민주당과 공화당만 들어봤을 거예요. 그렇다면 미국에는 이 두 정당만 있는 걸까요? 그렇지 않습니다. 자유당, 녹색당, 헌법당, 정의당 등 많은 정당이 있어요. 그런데 민주당과 공화당을 제외한 나머지 정당들은 이름조차 들어본 적이 거의 없을 정도로 존재감이 미미합니다. 이처럼 여러 정당이 있기는 하지만, 세력이 비슷한 두 정당이 경쟁하는 체제를 양당제라고 해요. 두 정당 사이에서 주로 정권교체가 이뤄지고 의회의 의석 역시 두 정당이 거의 다 차지하지요. 이런 나라들도 정당 숫자 자체가 2개밖에 없는 것은 아니니까 더 정확하게 말하면 '양당 우위 정당제'라고 할 수 있어요. 미국은 대표적인 양당제 국가예요. 우리나라도 여러 정당이 존재하는 다당제 또는 복수정당제를 헌법에 명시하고 있지만, 보수성향과 진보성향의 두 거대 정당이 절대적인 영향력을 행사하고 있는 실질적 양당제 국가이지요.

　양당제는 두 정당이 정책을 논의하고 결정하면 되기 때문에 효율적입니다. 대통령 선거나 총선에서 승리한 정당이 원하는 방향으로 국가를 힘 있게 이끌 수 있어서 정치 혼란이 적은 편이지요. 국민 입장에서는 비교적 쉽게 지지하는 정당 또는 후보를 고를 수 있습니다. 한 정당 또는 정치인이 어떤 잘못을 하거나 나라를 잘 운영하지 못했다고 생각하면 선거 때 반대당을 뽑으면 되니까요. 양당제의 최대 단점은 두 거대 정당 틈에서 소수의 목소리를 내는 정당이나 새로 만들어진 정당이 자리잡기가 매우 힘들다는 점이에요. 따라서 여러 계층의 다양한 목소리를 대변하고 획기적인 변화를 이끄는 데에는 한계가 있어요. 최근 유럽 각국에서는 양대 정당 체제에 실망한 유권자들이 자신과 뜻이 맞는 중소 규모 정당에 표를 주는 경우가 많아지고 있습니다.

Q #정당 #경쟁 #의회 #의석 #다당제 #복수정당제 #보수 #진보 #효율성 #소수의_목소리도

다당제
국민의 다양한 요구와
목소리를 반영해요

"정당의 설립은 자유이며, 복수정당제는 보장된다."

　　우리나라 헌법 8조 1항에 있는 규정이에요. 정권을 차지하기 위해 경쟁하는 정당이 3개 이상 존재하는 경우를 다당제 또는 복수정당제라고 합니다. 다당제는 국민들의 다양한 요구와 목소리, 정치적 의지를 잘 반영할 수 있다는 장점이 있어요. 유권자 입장에서는 많은 정당 중에서 고를 수 있으니 선택의 폭이 넓죠. '흑이냐 백이냐'가 아니라 그 중간에 있거나 빛깔이 다른 정당들이 있으면, 이쪽 끝과 저쪽 끝으로 극단적으로 나뉘어 대립하는 '양극화'를 줄일 수 있는 이점도 있어요.

　　내각제 국가에서는 여러 정당이 손잡고 선거를 치르거나 정부를 꾸리는 경우가 많아요. 소수정당도 연정을 통해 집권이 가능한 제도가 바로 다당제입니다. 앞서 예를 든 독일에서는 보수 성향의 기독교민주당과 진보성향의 사회민주당이 양대 정당으로서 정치의 주축이 돼왔어요. 하지만 두 정당 중 어느 한쪽이 압도적으로 승리하지 못하면 자유민주당 같은 정당과 힘을 합쳐 연정을 구성하기도 합니다. 1980년대부터는 환경을 내세운 녹색당도 영향력을 가지면서 4당 체제를 형성하고 있습니다. 이처럼 양당제와 다당제는 정당의 수를 기준으로 나뉘는 것이 아니라, 집권의 기회를 가질 수 있는 정당의 수에 의해 구분됩니다.

양당제와 다당제 중 어느 쪽이 더 좋은 제도일까요? 자유민주주의적 관점에서 보면 권력에 참여 가능한 정당의 수가 많을수록 좋은 것이 사실이에요. 서로 견제하고 균형을 이룰 수 있고, 다원화되어가는 사회 현실을 잘 반영할 수 있으니까요.

하지만 "사공이 많으면 배가 산으로 간다."라는 말처럼, 정당이 너무 많으면 국가적으로 시급한 일에 의견을 모으기가 힘들겠지요? 특히 내각제 국가에서는 의석 과반수를 차지하는 정당 없이 고만고만한 지지율의 정당들이 경쟁하게 되면서 정치가 불안정해지곤 해요. 연정을 어떻게 구성하느냐를 놓고 정당마다 속셈이 다르다 보니 정부 구성 자체가 늦어지는 일까지 생겨요. 정당들의 이익과 정치적인 타협 때문에 국가 운영이 비효율적으로 이루어지는 단점도 있답니다.

대표적인 다당제 국가인 이탈리아에서는 정부가 꾸려졌다, 무너졌다, 다시 꾸려졌다 반복되는 일이 많았습니다. 1946년 국

#복수정당제 #다양성 #선택권 #보살 #연정 #견제 #균형 #다원화 #현실_반영 #국민의_이익

민투표로 군주제가 폐지되고 공화국이 출범했는데, 총리들의 평균 임기가 겨우 2년에 불과했어요. 따라서 단지 정당의 수가 많아진다고 성공한 다당제가 되는 것은 아니랍니다. 각기 다른 이념과 각기 다른 계층, 계급의 이익을 위해 일하는 정당들이 서로 경쟁하고 견제하면서 국민 다수의 이익을 키울 수 있어야겠지요.

독일은 제2차 세계대전에서 패배해 동독과 서독으로 나뉘었다가 1989년 베를린 장벽이 붕괴한 후 이듬해인 1990년 통일국가가 됐어요. 전후 서독의 정당 구조는 보수성향의 기독민주당과 진보성향의 사회민주당이 양대 세력을 이루고 있는 가운데 자유민주당이 위치하는 3당 체제였답니다. 그러나 1980년대에 환경문제가 주요 사회 이슈로 부상하면서 녹색당이 의회 진출해 4당 체제가 됐지요. 통일 이후엔 동독 공산당의 후신으로서 구 동독 지역 주민의 이익을 대변하는 민주사회당이 등장하면서 5당 체제로 변했고요. 민주사회당은 2007년 좌파당에 흡수됐어요. 그러다 2010년대 중반 중동과 아프리카에서 유입되는 대량 난민사태를 우려하는 유권자들을 대변하는 극우 정당 '독일을 위한 대안' 당이 등장했습니다. 이 정당은 경제위기를 기회로 지지기반을 빠르게 넓혀가더니, 2021년 연방의회 총선에서 83석이나 얻는 데 성공했어요. 이로써 독일 의회는 6당 체제가 됐지요. 이처럼 오늘날 독일에서는 명실상부한 다당제가 확립되었으며, 정당들이 유권자들의 다양한 정치 이익을 대변하기 위해 치열하게 경쟁하는 구도가 마련되면서 양대 정당인 기독민주당과 사회민주당이 오랫동안 누렸던 우월적 지위가 사라지고 있습니다.

028

일당독재
하나의 당이
모든 권력을 장악해요

북한에도 정당이 있을까요? 답은 '있다'입니다. 김정은이 총비서 직을 맡고 있는 조선로동당(조선노동당)이 있고, 조선사회민주당 과 조선천도교청우당이라는 정당도 있지요. 하지만 조선로동당 이 70년 넘게 권력을 잡고 있으니, 정전 70년 이래 독재정권이 유 지되고 있는 셈이에요. 집권하는 당을 '여당與黨', 그렇지 않은 당 을 '야당野黨'이라고들 하잖아요. 북한의 정당들은 형식적으로만 야당일 뿐 조선로동당의 곁다리나 다름없어요. 모든 정치권력이 조선로동당에 집중되어 있으니까요. 북한 헌법인 '사회주의헌법' 에 아예 '조선민주주의인민공화국(북한)은 조선로동당의 영도 밑 에 모든 활동을 진행한다.'라고 쓰여 있을 정도예요. 이처럼 어떤 한 정당이 모든 권력을 가진 상태를 일당독재라고 합니다.

중국도 마찬가지입니다. 중국공산당 말고도 중국국민당혁 명위원회, 중국민주동맹 등 8개의 '야당'이 있어요. 그런데 중국 의 의회 격인 전국인민대표대회(전인대) 의석 3분의 2 이상을 중국공산당이 차지하고 있어요. 나머지 의석을 야당들이 나눠 갖고 있지만 여당과 다른 정책을 내놓고 경쟁하는 일은 없습니다. 이런 야당들을 '국가가 만든 야당'이라는 뜻에서 '관제官製야당', 큰 정당에 딸린 정당이라는 의미에서 '위성 정당'이라고 해요. 사실상 일당독재국가인데도 민주주의 체제를 지키고 있는 것처럼 보이게 하려고 다른 정당들을 없애지 않고 의석을 유지합니다.

북한과 중국에는 형식적인 야당이라도 있지만, 쿠바와 베트남은 공산당만 유일한 합법정당으로 인정하는 국가입니다. 1930년대 독일에서도 흔히 '나치당'이라고 불리는 국가사회주의 독일노동자당만 빼고 모든 정당의 활동이 금지됐답니다. 그 결과 유대인 대학살이란 끔찍한 비극이 벌어졌지요.

일당독재는 대부분 공산국가나 전체주의 국가에서 나타납니다. 개인은 중요하지 않고 국민은 국가를 키우기 위한 부품이 돼야 한다는 생각, 그 국가를 장악한 지도자가 정치는 물론 경제와 사회와 문화생활까지 모든 면에 걸쳐 통제하는 체제를 '전체주의Totaliterianism'라고 부릅니다. 일당독재 체제에서는 국민이 다양한 목소리를 낼 수 없고 입법이나 행정에 영향력을 끼치기 힘들어요. 그러다 보니 인권을 침해하는 일도 많고 부패가 심해지곤 하지요.

지난 2023년 중국 베이징대 구내식당 앞에서 장성이라는 작가가 "일당 독재 철폐하고 다당제 시행하자."라고 적힌 피켓을 들고 1인 시위를 벌였어요. 사람들의 관심이 집중되었고, 공산당과 시진핑 국가주석 1인 체제를 강하게 비판한 그는 결국 연행되었습니다. 그가 끌려간 이후 어떻게 되었는지 행방이 알려지지 않고 있습니다.

참정권
모두가 평등하게
정치에 참여할 권리

정부와 정당이 어떻게 국가를 운영하고 나라의 일을 논하는지 이야기했으니, 이번에는 국가의 기본인 시민 쪽으로 이야기를 돌려볼게요. 권력분립은 소수가 자신의 이익만을 위해 다수의 뜻에 어긋나는 행위를 하지 못하게 합니다.

대의제 민주주의의 핵심은 되도록 많은 시민이 참여해 의회를 꾸리고 의회가 다수의 뜻을 대변하게 하는 것입니다. 시민이 정치적인 의사를 표현하는 방식은 시위나 집회부터 언론을 통한 발언 등 여러 종류가 있겠지만 가장 중요한 점은 유권자로서 투표에 참여하는 것입니다. 내 뜻을 대신 말해줄 의원이나 지방의원을 직접 뽑을 수 있어야 하니까요.

근대 이후에 모든 사람이 평등하게 정치에 참여할 권리를 가져야 한다는 생각이 퍼졌고 '보통선거권' 개념이 차차 확립됐습니다. 사회 계층이나 교육 수준, 재산이 많은지 적은지 등에 상관없이 모두가 투표할 수 있어야 한다는 생각이 굳어졌습니다.

1848년 프랑스에서 최초로 '평범한' 유권자들이 참여하는 선거가 치러졌습니다. 역사적으로 큰 의미가 있는 일이었지만 이때도 여성은 빠졌다는 한계가 있었습니다.

　모두가 투표한다 해도, 사람마다 행사할 수 있는 표가 다르면 어떨까요? 돈 없는 사람은 1표를, 돈 많은 사람은 100표를 행사할 힘을 가지면 안 되겠죠. 보통선거만큼 선거에서 중요한 원칙은 재산이나 소득, 인종, 성별과 상관없이 모두가 같은 수의 표를 행사하는 평등한 선거권입니다. 세계 여러 나라에는 제각기 참정권을 늘리고 보완해서 보통선거와 평등선거를 확립한 역사가 있습니다. 한국은 왕정과 일제 식민 통치를 거치면서 정치적인 발전이 순탄히 진행되지 못했어요. 민주주의 역사가 짧은 대신, 한국은 1948년 헌법이 만들어질 때부터 보통선거와 평등선거 원칙을 도입했습니다.

　헌법 제24조에는 '선거권', 제25조에는 '공무담임권', 제72조와 제130조에는 '국민투표권'을 규정한 내용이 있습니다. '공무담임권'은 선거로 뽑히는 자리를 비롯해 모든 국가기관에서 공적인 임무를 맡을 국민의 권리를 말합니다. 여기에는 선거에 나가 당선될 수 있는 '피선거권'도 포함되고요. 한국은 18세 이상 모든 국민에게 투표권이 있지만, 피선거권의 경우 대통령 선거는 40세 이상과 선거일 현재 5년 이상 국내 거주의 요건을 갖춰야 합니다. 국회의원 선거의 피선거권 기준은 25세 이상의 국민이에요. 지방자치단체장 및 지방의회의원선거는 25세 이상 국민과 선거일 현재 60일 이상 해당 지방자치단체의 관할 구역에 주민등록이 되어 있는 주민이어야 합니다. 국민투표권과 관련한 내용은 뒤에서 다시 다룰게요.

여성참정권 운동
여성에게
투표권이 주어지기까지

남성의 보통선거권이 확립된 이후 한참이 지나도록 여성은 정치에 참여할 수 없었어요. 민주국가의 국민은 모두 권리와 의무를 지고 세금을 내고, 투표권을 행사할 수 있어야 하잖아요. 여성에게 투표권을 주지 않는 것은 국민으로서 인정하지 않는다는 뜻입니다.

여성들은 여기에 맞서서 '서프러제트suffragette'라는 참정권 운동을 벌였습니다. 초창기 서프러제트에 동참하여 운동을 펼친 이들은 프랑스 혁명에 참여한 여성들이었어요. 1893년 뉴질랜드는 세계 최초로 여성의 선거권을 인정했어요. 영국으로부터 독립한 호주도 1902년부터 모든 성인 여성에게 선거권을 줬고요. 북유럽 국가인 핀란드는 1906년 여성에게 선거권과 피선거권을 부여했습니다. 여성이 의원으로 처음 선출된 곳도 핀란드였어요. 1907년 핀란드 총선에서 여성 19명이 의원으로 뽑혔대요. 노르웨이, 덴마크 등 다른 북유럽 국가들도 뒤를 따랐습니다.

그러나 여전히 다른 나라들에서는 투표에서 여성이 제외됐습니다. 20세기에 들어와 서프러제트 운동을 본격적으로 펼친 것은 영국 여성들이었습니다. 1913년, 에밀리 데이비슨(Emily Wilding Davison, 1872~1913)이라는 여성은 투표권을 요구하며 국왕이 참석한 경마대회에서 전속력으로 달리는 말에 뛰어드는 시위를 하다 결국 사망했습니다. 이 사건은 참정권을 향한 여성들의 절박한 요구를 널리 알리는 계기가 됐습니다. 영국은 1918년에 마침내 여성들의 투표권을 인정했으나, 남성은 21세만 되면 투표할 수 있게 하면서 여성은 '30세 이상'으로 제한했습니다. 10년이나 지난 후에야 여성에게도 동등한 권리가 주어졌습니다.

미국은 1920년, 프랑스는 2차 대전이 끝나갈 무렵인 1944년에야 여성의 참정권을 보장했습니다. 남한은 1948년, 북한은 1946년 해방 이후 실시된 첫 선거부터 여성에게 선거권을 줬습니다. 스위스는 1971년에야 여성들의 권리를 인정했답니다. 세계적으로 여성이 참정권을 보장받은 지 얼마 되지 않았지요?

그렇다면 가장 뒤처진 나라는 어디일까요? 2015년에야 여성의 선거 참여를 허용한 사우디아라비아입니다. 하지만 여성이 투표권과 피선거권을 행사하는 데에는 많은 어려움이 있었어요. 같은 해 치러진 지방의회 선거에 유권자로 등록한 여성은 약 13만 명으로, 만18세 이상 여성 인구의 약 2퍼센트에 불과했어요. 전체 출마자 6,500여 명 중 여성 출마자는 900여 명에 그쳤고 그나마도 남성 앞에서 유세가 금지되는 등 선거운동 자체가 매우 제한적이었죠. 이런 상황에서도 20여 명의 여성 당선자를 배출하는 성과를 거뒀답니다.

그렇다면 우리나라에 여성 국회의원이 현재 몇 명이나 있을까요? 2024년 총선에서 당선된 22대 국회의원 중 여성은 60명으로 약 20퍼센트입니다. 역대 총선 최다 기록이라고 합니다. 그러나 경제협력개발기구OECD 회원국 평균인 33.8퍼센트에는 한참 못 미치는 수준이지요. 국제의회연맹ITU이 발표한 세계 여성 국회의원 당선 순위를 보면 한국은 186개국 중 120위(2023년 기준)랍니다.

🔍 #여성의_정치_참여 #투표권 #서프러제트 #선거권 #피선거권 #권리 #여성_국회의원 #평등

비밀투표

투표의 비밀은
보장되어야 한다

텔레비전 뉴스를 통해 선거가 치러지는 광경을 본 적이 있지요? 유권자는 투표장에 가서 신분증을 제시한 다음 선거인 명부에 서명한 후 투표용지를 받습니다. 그다음 흰색 칸막이가 쳐져 있는 기표소에 혼자 들어가 기표도구를 이용해 자신이 지지하는 후보에 표시합니다. 그러고 나서 투표 내용을 다른 사람이 보지 못하도록 용지를 접어서 투표함에 넣어요. 이처럼 투표는 비밀이 보장되어야 합니다.

보통선거, 평등선거와 함께 선거의 또 다른 중요한 원칙은 정부나 권력자나 주변 사람들 눈치를 보지 않고 자유롭게 자기가 원하는 대로 투표를 할 수 있어야 한다는 것입니다. '자유선거'라고 헌법에 따로 적혀 있지 않아도 민주주의에서 자유로운 선거는 당연히 보장돼야 하는 부분으로 여겨집니다. 그래서 비밀투표의 원칙이 필요합니다. 보통선거·평등선거·직접선거·비밀선거를 흔히들 '선거의 4원칙'이라고 하지요. 다만 나라별 사정이나 투표의 성격에 따라 직접선거 대신 간접선거를 하기도 해요.

한국의 공직선거법은 '투표의 비밀은 보장되어야 한다.' '누구든 자신이 투표한 후보자의 이름이나 정당을 밝힐 의무가 없고 누구도 그렇게 요구해선 안 된다.'라고 명시하고 있습니다. 투표를 마친 후에 언론사들이 출구조사를 해서 발표하는 장면을 봤을 거예요. 그러나 언론이 진행하는 출구조사도 엄격하게 법으로 제한받습니다. 출구조사는 개인이 원하는 대로 투표할 권리를 보장하기 위한 목적도 있지만, 출구조사가 다른 사람의 투표에 영향을 미쳐서는 안 된다는 이유도 있어요. 유권자는 투표한 용지를 공개할 수 없고, 만일 내가 표를 찍은 투표지를 공개하면 그 투표지는 무효가 됩니다. 투표용지를 소셜미디어에 게시하거나 전송하면 2년 이하의 징역 또는 400만 원 이하의 벌금에 처해질 수 있습니다.

비밀투표가 아닌 공개투표에는 어떤 것이 있을까요? "이 후보를 지지하는 사람은 손을 드시오." "이 법안에 반대하는 사람은 일어나세요." 하는 식의 거수擧手, 기립起立 투표가 있겠지요. 투표소에서 기표記票, 즉 투표용지에 표시하는 모습을 다른 이들이 볼 수 있게 하거나 찬반 투표용지의 색깔을 다르게 하는 것도 비밀투표 원칙에 위배되는 일이에요.

🔍 #기표소 #자유 #보통선거 #평등선거 #직접선거 #비밀선거 #비밀_보장 #비공개 #거수 #기립

1980년대까지 공산권 국가 중에는 비밀선거를 보장하지 않는 나라가 많았습니다. 심지어 아직도 그런 나라들이 있어요. 중국에서는 2018년 국가의 수장인 국가주석이 장기간 집권할 수 있게 하는 쪽으로 헌법이 바뀌었는데, 개헌안 투표에서 찬성률이 99.79퍼센트였대요! 형식상 의회인 전국인민대표대회에서 투표했는데요, 겉으로는 비밀투표라고 했지만 참석자들은 자기 자리에 앉아서 찬성인지 반대인지 기권인지 표시해야 했습니다. 가림막 같은 게 없으니 어디에 찍는지 빤히 보일 수밖에 없었겠지요.

우리나라는 과거에 여러 차례 부정선거 논란을 겪었어요. 전쟁 당시인 1952년 국회의사당에서 개헌안 투표가 진행됐는데, 기립투표로 가결돼 비밀투표의 원칙을 어겼다는 비판이 쏟아졌습니다. 1960년 3·15 부정선거는 4·19 혁명을 불러일으켜 이승만 정부의 붕괴로 이어졌지요. 이후에도 투표용지 바꿔치기, 돈으로 표 사기, 정부 조직을 동원한 부당한 압력 등 온갖 부정한 방법으로 선거에서 승리하려는 시도들이 있었습니다. 1987년 제13대 대통령 선거 때에는 구로구 을 선거구에서 여러 명의 선관위원이 아직 투표 시간이 끝나지 않았는데도 선거 투표함을 소형 트럭 화물칸에 옮겨 싣는 모습이 한 여성의 눈에 발각됐어요. 여성의 고함을 들은 사람들이 몰려들어 트럭을 살펴보니 부재자 우편 투표함이라고 표시된 문제의 투표함이 빵과 과일상자 더미 아래에 숨겨져 있었습니다. 부정선거 정황 의혹을 감지한 시민과 학생 수천 명이 투표 장소인 구로구청을 점거해 사흘간 항의 농성을 벌였고, 이 과정에서 200여 명이 구속됐습니다. 그로부터 29년이 지난 2016년 7월 14일, 중앙선거관리위원회는 한국정치학회 소속 학자들이 참석한 가운데 그 투표함을 개봉했어요. 개표 결과 노태우 후보의 표가 다른 후보들의 표보다 월등하게 많이 나왔는데, 구로구 전체 개표 결과보다 큰 차이를 보여서 부정선거 시도 의혹이 다시 제기됐습니다. 선관위는 "투표 자체가 조작되거나 위조되지는 않았지만 13대 대선 때 일부 부재자투표가 온전히 민주적으로 시행되지 못했다."라고 결론지었습니다.

우드로 윌슨

힘이 약한 작은 나라도
독립할 권리가 있다

식민지 독립과 타국의 지배를 받던 사람들의 정치적인 자유에 대해 이야기해볼게요. 우드로 윌슨(Woodrow Wilson, 1856~1924)은 1913년부터 1921년까지 미국 대통령을 지낸 인물이에요. 1914년 발발해 1918년까지 이어진 제1차 세계대전과 재임 기간이 겹쳐요. 그는 1918년 1월 8일 미 의회에 나와 1차 대전을 끝내고 세계 평화를 이루기 위한 틀을 '14개 조항Fourteen Points'으로 정리해 제안했어요. 강화 조약을 공개적으로 진행하고 공표해야 하며, 체결 이후에는 어떠한 비밀 회담도 있어서는 안 되고 외교는 항상 솔직하고 공개적으로 진행되어야 한다는 내용을 담은 1항에 이어 2항에는 항해의 자유를 보장해야 함을 언급하고, 3항에는 평화를 희망하고 유지하기 위해 협력하는 모든 국가 사이에는 가능한 모든 경제적 장벽을 없애고 무역 조건도 동등해야 함을 명시했습니다. 5항에서는 식민지의 요구가 자유롭고 열린 마음으로 공정하게 조정되어야 한다고 강조하면서 각 항목에 식민지 주민의 권리를 인정하고, 그들이 새로 세울 나라들을 비롯해 강대국, 약소국 모두 독립을 지킬 권리가 있다는 의미를 담았습니다. 마지막 14항에서는 '강대국과 약소국을 막론하고 정치적 독립과 영토 보전을 상호 보장할 목적으로 특별한 규약 아래에 전체 국가의 연맹체를 결성해야 한다.'고 선언했어요.

윌슨이 구상한 체제는 '이상'이었을 뿐, 현실 세계는 어디까지나 힘을 바탕으로 평화를 유지하는 체제였죠. 그들이 말하는 '국제사회'는 1차 대전에서 이긴 승전국들만의 세계였고요. 승리한 나라끼리 뭉쳐서 힘을 가지고 침략 세력이나 평화에 반대하는 세력을 억누른다는 생각이 바탕에 깔려 있었죠. 그렇다고 의미가 없는 것은 아니에요. 각 민족은 자신의 정치적 운명을 스스로 결정할 권리가 있다는 '민족자결주의'로 알려진 윌슨의 연설은 강대국에 점령돼 있던 식민지 민족들에게 엄청난 희망을 안겨줬습니다. 이 연설 이후, 일제 치하에 있던 한반도에서도 3·1운동처럼 전국적인 반反 식민지 대중운동이 일어났습니다. 중국에서도 5·4운동이라는 저항운동이 펼쳐졌고요. 당시 사람들은 민주주의보다는 전쟁을 막는 데 관심이 더 컸습니다. 윌슨이 제안한 14개 조항은 패전국인 독일과 오스트리아-헝가리 제국, 오스만 제국 등의 식민지와 점령지에만 적용되었고, 전승국의 식민지와 점령지에는 적용되지 않았어요. 제1차 세계대전의 전후 처리를 위해 열린 파리 강화 회의에서는 연합국이 지배하거나 점령한 아시아

지역의 식민지 문제는 거론되지 않았어요. 일본도 연합국의 일원으로 참전했기 때문에 한국의 독립 문제는 논의되지 않았습니다.

윌슨의 제안을 발판 삼아 1920년 여러 국가가 모여 국제연맹League of Nations을 만들었어요. 윌슨은 국제연맹에서 각국이 의견을 조율하며 세계 평화 체제를 만들기를 바랐지만, 미국 의회가 거부하는 바람에 미국은 국제연맹에 가입하지 못했답니다. 1920년 3월 19일 미국 상원에서 국제연맹 규약 비준안이 표결에 부쳐졌는데, 찬성 49표, 반대 35표를 기록했음에도 의결에 필요한 구성원의 출석수인 정족수의 2/3에 미달해 부결됐거든요. 당초 상원은 군사적 개입이 요구되는 위기 상황을 의회가 평가할 권한이 보장되면 국제연맹 가입을 승인하겠다는 입장을 보였어요. 세계 어디든 침략행위가 일어날 때마다 미국이 무턱대고 침략자를 응징하러 전쟁에 나설 수는 없다는 게 이유였죠. 하지만 윌슨은 상원과 타협할 수 없다는 입장을 고수했고, 그 결과 미국의 국제연맹 가입이 좌절되고 말았습니다.

1920년 출범한 국제연맹은 한때 회원 수가 60개국에 달했지만 회원국들의 잇단 탈퇴로 힘을 잃었어요. 제2차 세계대전동안 무기력한 모습을 보이다가 1946년 신생기구 국제연합(유엔)에 모든 업무와 자산을 넘기고 해체됐습니다.

#식민지_독립 #자유 #승전국 #민족자결주의 #희망 #저항운동 #국제연맹 #국제연합 #유엔

바이마르공화국
독일 최초의 민주공화국

황제펭귄은 지구상에 현존하는 펭귄 중 몸집이 가장 큰 펭귄입니다. 키가 122cm까지 자라고 몸무게는 최대 45kg까지 나간대요. 재작년에 황제펭귄은 멸종위기종으로 등재되었어요. 남극 고유종인 황제펭귄이 멸종위기에 처했다니, 가슴 아픈 소식입니다.

덩치가 크거나 귀한 존재에도 '황제'라는 이름을 붙입니다. 황제는 독일어로 '카이저'라고 합니다. 황제는 언제까지 존재했을까요? 독일은 20세기 초반까지만 해도 황제가 다스리던 나라였습니다. 1차 대전에서 독일은 영국과 프랑스 등 연합세력에 패배했지요. 전쟁으로 피폐해지고 패배가 눈앞에 다가오자 1918년 군인들이 반란을 일으켰습니다. 이 반란을 '킬 군항의 반란' 또는 '11월 혁명'이라고 부릅니다. 패전이 확실시되는 상황에서 해군 지도부가 무리하게 공격 명령을 내린 것이 반란의 직접적인 기폭제가 되었어요. 해군 병사들은 자신의 목숨을 스스로 구하기로 결정하고 11월 3일 킬 항구에서 봉기를 일으켰습니다. 그 뒤를 이어 독일 전역으로 봉기의 불길이 번져나갔습니다. 수도 베를린에서도 혁명의 열기가 달아오르자 결국 1918년 황제 빌헬름 2세가 네덜란드로 망명하면서 왕정 체제가 무너지고 공화국이 세워졌습니다. 공화국 헌법을 만든 곳이 바이마르라는 도시여서 보통 바이마르공화국Weimarer Republik이라 부릅니다. 바이마르 헌법은 국가의 권한, 여러 국가 조직의 권한, 의회의 권한, 대통령의 자격과 권한, 내각과 정부의 구성과 기능, 국민 개인의 권리와 의무, 침해할 수 없는 개인의 자유 등을 체계적으로 규정했습니다. 개인은 '연대'를 통해 공동체와 관계 맺게 되며, 모두가 초등교육을 받아야 하고, 노동자에게는 단결할 권리와 조직을 만들 권리가 있다는 점 등을 헌법에 담았습니다. 이 바이마르 헌법은 세계 여러 나라에서 근대 헌법의 기본 틀이 됩니다.

바이마르 헌법은 취지가 좋고 의미도 컸지만 사회적으로 자리잡을 수 없는 상황을 맞이했어요. 공화국 초기, 정치 세력들의 분열과 경쟁이 심했습니다. 게다가 독일은 1차 대전에서 지면서 위신을 잃었고, 승전국들에 엄청난 돈을 물어줘야 하는 처지였습니다. 공화국 출범 뒤 몇 년 동안은 그래도 좀 사회가 안정되나 싶었지요. 그러다 1929년 미국에서부터 대공황大恐慌, The Great Depression이라 불리는 경제 위기가 시작됐습니다. 독일이 직격탄을 맞아, 물가가 어마어마하게 치솟는 '하이퍼인플레이션'이 닥쳤고 실업 대란이 일어났습니다. 하이퍼인플레이션은 수습할 수 없을 지경으로 물가가 치솟는 상황을 말합니다. 당시 독일에서는 커다란 돈뭉치로 빵 한 덩어리를 겨우 살 수 있었다고 하니 사실상 화폐 가치를 잃은 셈이었지요. 그러니 민심이 들끓고 정부는 흔들렸습니다. 그 틈을 비집고, 아돌프 히틀러(Adolf Hitler, 1889~1945)가 집권하는 나치당이 인기를 얻었습니다. 나치당은 위대한 독일의 부활, 제1차 세계대전에서 빼앗긴 영토의 회복, 강력한 정부, 독일 민족 우월주의 등을 주장했어요. 또한 독일 민족은 책임이 없다며, 독일을 망친 주범으로 유대인과 공산주의자들을 지목했습니다. 나치의 선동적인 주장은 경제적, 정치적, 사회적 혼란 속에서 절망과 상실감에 빠져 있던 독일인들의 마음을 사로잡았어요. 결국 1933년 총선에서 나치가 제1당의 지위를 차지해 정권을 장악하면서 바이마르공화국은 무너지고 말았습니다. 이듬해 히틀러는 대통령과 총리직을 통합한 총통의 지위에 올라 무소불위의 권력을 휘둘렀습니다. 그리고 그 끝은 히틀러의 자살과 독일의 제2차 세계대전 패배였어요.

　만약 바이마르공화국이 많은 어려움을 극복하고 바이마르 헌법의 이상을 이뤄냈다면 독일과 세계 역사는 어떻게 됐을까요? 역사를 되돌릴 수는 없지만, 바이마르 헌법의 실패가 나치즘을 초래했다는 점에서 큰 아쉬움이 남습니다.

🔍　#황제 #카이저 #봉기 #공화국 #연대 #바이마르_헌법 #대공황 #하이퍼인플레이션 #나치당

다이쇼 데모크라시
일본 민주주의의 황금기

'제국주의'라는 말을 들어본 적이 있나요? 강한 경제력과 군사력을 가진 국가가 다른 국가를 정복해 정치, 경제 및 문화적 지배력을 확대하려는 사상과 그러한 사상을 바탕으로 한 정책을 제국주의라고 합니다. 제국주의가 언제부터 시작됐는지에 대해서는 여러 의견이 있어요. 크리스토퍼 콜럼버스가 1492년 아메리카 대륙을 발견하면서 시작됐다는 설이 있고, 산업 혁명으로 막대한 부를 이룩한 선진 자본주의 국가들이 새로운 시장을 확보하기 위해 새로운 식민지를 필요로 하면서 19세기 후반부터 제국주의 시대가 본격화됐다는 주장도 있습니다. 제국주의 열강의 침략 대상은 아프리카, 중동, 아시아, 태평양 지역이었습니다. 아프리카의 대부분은 유럽 열강의 식민지가 됐고, 일부 국가를 제외한 아시아의 대부분 지역도 제국주의 열강의 식민지 또는 반식민지가 됐습니다.

　　그런데 아시아 국가 중에서도 유독 일본은 다른 나라들을 점령하고 식민 통치를 한 제국주의의 역사를 가지고 있습니다. 일본 제국 군부는 제2차 세계대전을 일으키고 끔찍한 전쟁범죄를 저질렀지만 지금까지도 침략의 역사를 진정으로 반성하지 않습니다. 일본은 대체 언제부터, 어떻게, 유럽을 따라 제국주의의 길을 걷게 된 걸까요? 다른 길을 걸을 수는 없었던 걸까요?

독일제국이 무너진 것처럼, 19세기에서 20세기로 바뀌고 1차 대전이 벌어지는 동안 세계 곳곳의 제국들이 무너졌습니다. 유럽 복판에 있었던 오스트리아-헝가리 제국, '차르'가 다스리던 러시아 제국, 아시아에서 북아프리카까지 드넓은 영토를 자랑하던 오스만 제국 등등이 일제히 무너졌어요. 중국에서도 신해혁명으로 청 왕조가 붕괴했지요.

일본은 19세기 말에 메이지 유신이라는 개혁을 통해서 군주인 천황의 권력을 도리어 강화하는 방식으로 국가를 정비했습니다. 하지만 그러는 동안에도 시민들의 의식 수준은 높아졌고 도시에는 중산층이 늘어났습니다. 중국 신해혁명의 삼민주의 사상도 들어오고, 독일과 러시아의 혁명에 대한 소식도 들려왔고요.

몇몇 일본 지식인은 "천황은 국가의 권력을 모두 손에 쥔 존재라기보다는 일종의 국가기관으로서 통치권을 행사하는 존재다."라고 주장했습니다. 천황은 한 개인이 아니라 국민의 뜻을 담는 하나의 도구로서 통치하는 수단이라는 새로운 해석이었지요. 정당제도와 내각제, 헌법에 따른 통치 등 민주주의를 요구하는

지식인들과 정치운동가들이 활발한 활동을 벌였습니다. 1918년에는 일본에서 최초로 '정당 내각' 즉 정당에 바탕을 둔 정부가 조직됐습니다. 문화적, 예술적으로도 자유롭고 활기찬 분위기가 퍼졌습니다. 다이쇼 천황(大正天皇, 1879~1926) 시절의 일이라 해서, 이 시기를 후대의 학자들은 '다이쇼 데모크라시大正デモクラシー', 즉 다이쇼 민주주의라고 불러요. 정당 정치체제가 확립됐을 뿐만 아니라 경제적으로는 국가 통제로부터 자본의 자립, 사회적으로는 남녀 평등과 노동자의 단결권 요구 등 자유 확대, 문화적으로는 대학의 자치와 출판 저널리즘의 발전 등이 이뤄졌지요.

그러나 이내 대공황의 먹구름이 드리워졌습니다. 경제가 급격히 나빠지자, 독일 바이바르공화국에서처럼 자유롭던 사회 분위기가 차갑게 식었지요. 급기야 일본은 1931년 중국 북동부의 만주를 침공하고 아시아 전역을 전쟁터로 만듭니다. 군부가 사실상 모든 권력을 장악하는 군국주의가 득세하면서 결국 다이쇼 민주주의 시대는 막을 내렸습니다.

#제국주의 #정복 #지배 #식민지 #일본 #식민_통치 #전쟁범죄 #메이지_유신 #권력_강화

파시즘
'다름'을 '악'으로 규정하는
폭력적인 집단주의

독일 나치는 '우수한 게르만 민족의 순수성을 지킨다.'라는 명분으로 유대인 600만 명을 포함해 유럽 내 인도아리아계 소수민족인 로마인(집시), 러시아인 등 약 1,000만 명 이상을 학살했습니다. 이런 일이 어떻게 가능했을까요? 나치와 히틀러는 어떻게 집권한 것일까요? 독일의 평범한 시민들은 나치의 만행을 어떻게 생각했을까요?

1차 대전과 2차 대전 사이, 독일에서는 시민들이 정당과 후보를 보고 선택하는 '민주주의'가 작동하고 있었습니다. 민주주의의 현장에서 바로 '시민'들이 나치와 히틀러를 선택했습니다. 나치의 집권은 민주주의의 한계와 문제점을 보여주는 사례이기도 합니다.

"독일이 겪고 있는 모든 문제의 원인은 외부의 나쁜 세력, 그리고 내부의 질병 같은 존재인 유대인들에게 있다!"

당시 히틀러와 나치는 증오를 부추기고 선동하면서 표를 얻었습니다. 유럽 전체를 상대로 전쟁을 일으키고, 국가 기관을 동원해 유대인들을 내쫓고 재산을 빼앗으며 학살했습니다. 독일 국민들은 이 과정에서 무슨 생각을 했을까요? 두려운 마음에 얽히고 싶지 않아 모른 척했을 수도 있고, 관심이 없어서 학살이 구체적으로 얼마나 심하게 저질러졌는지 잘 몰랐을 수도 있겠지요. 자신에게 이익이 돌아온다는 이유로 나치와 히틀러를 적극적으로 지지한 사람들도 있었을 테고요.

이탈리아에서 비슷한 일이 먼저 일어났습니다. 베니토 무솔리니(Benito Mussolini, 1883~1945)는 '국가파시스트당'이라는 정당을 창당했어요. 이탈리아어로 '파쇼fascio'는 묶음, 떼거리 따위를 가리키는 말이래요. 집단주의, 전체주의를 가리키는 '파시즘'이라는 말도 파쇼에서 나왔어요. 이후 독일 등 다른 나라로 파시즘이 확산했습니다.

파시즘이 뭔지 한마디로 딱 잘라 정의하기는 쉽지 않습니다. 그래도 몇 가지 특징을 뽑아낼 수 있어요. 우선 강력하게 공산주의를 반대한다는 특징이 있어요. 이를 '반反공산주의'라고 합니다. 사회를 급격히 바꾸자며 사회를 변혁하는 수단으로 폭력을 서슴지 않는 것도 특징입니다. 또 파시스트들은 국가와 사회의 문제를 해결할 때 원인을 찾아 해결하기보다는 남의 땅을 강제로 빼앗거나 '적'으로 만들어 싸워 이겨 얻으려고 하지요.

파시스트는 국가나 민족의 부흥을 위해서라는 이유를 들며

폭력을 합리화합니다. 하지만 그들이 말하는 국가는 그 땅에 사는 모든 이의 나라가 아니라 특정 민족이나 인종만의 국가예요. 다양성을 인정하지 않고, 생각이 다른 사람은 억눌러야 한다고 여깁니다.

　2차 대전 이후 파시즘은 힘을 잃었지만 21세기에 들어와 동유럽과 러시아 등 일부 지역에서 파시즘을 걱정하게 만드는 현상이 되살아나고 있습니다. 극단적 민족주의와 인종 및 특정 민족 차별, 과도한 지역주의와 지역적 차별, 민주주의 체제에 대한 경시, 폭력 등 21세기 현재도 세계 곳곳에서 파시즘이 변형된 형태로 재생되고, 심지어 세력을 넓혀가고 있어요. 특히 최근 일부 유럽 국가에서는 백인우월주의를 내세우며 난민 및 이민자 추방을 주장하는 극우 정당들이 세력을 급속히 넓히고 있어서 나치즘, 파시즘 부활 가능성을 우려하는 지적이 많습니다. 사람들이 우려하는 가운데 2024년 1월 독일의 크고 작은 도시에서 약 140만 명이 참여해 파시즘에 반대하는 구호를 외쳤습니다.

Q　#독일 #나치 #유대인 #학살 #증오 #선동 #무솔리니 #국가파시스트당 #집단주의 #전체주의

유엔

세계 평화를 위해 노력하는 세계 최대 국제기구

2023년 2월, 튀르키예와 시리아에 지진이 일어났어요. 규모 7.8의 강진이 강타하면서 약 6만 명이 사망하고, 약 2,300만 명이 살던 집을 잃고 이재민이 됐습니다. 고통받는 두 나라 국민을 돕기 위해 여러 나라가 성금과 물품을 보내고 구호 요원을 파견했습니다. 엄청난 자연재해나 전쟁 등으로 어떤 한 국가가 큰 피해를 입었을 때 현장에서 필요한 구호 활동을 조율하고 지휘하는 주체는 누구일까요? 네, 맞습니다! 유엔입니다.

앞에서 우드로 윌슨에 관해 이야기했지요. 세계 평화 체제를 만들겠다는 우드로 윌슨의 구상은 국제연맹이 힘을 잃고 2차 대전이 일어나면서 꺾였습니다. 하지만 그가 뿌린 씨앗은 2차 대전이 끝난 뒤 국제연합, 유엔United Nations, UN이라는 새로운 국제조직으로 꽃을 피우게 됩니다. 1945년 4월부터 6월까지 미국 샌프란시스코에서 50개국 대표가 모여서 유엔 헌장에 서명했고, 1945년 10월 24일 유엔이 공식 출범했습니다.

2차 대전 뒤에 새로 독립한 나라들을 비롯해 세계 대부분의 나라가 유엔에 가입한 상태예요. 중국이 독립 국가로 인정하지 않는 대만, 이스라엘과 미국의 반대 때문에 공식 가입하지 못한 팔레스타인 같은 나라도 있지요. 그러나 이들도 옵서버(참관국) 자격으로 유엔에서 활동하거나 유엔 산하 기구들에 들어가서 국제사회 구성원으로 인정받고 있습니다. 1991년, 한국은 비교적 늦게 유엔에 가입했습니다.

매년 열리는 총회에서 유엔은 세계의 중요한 문제들을 논의합니다. 안전보장이사회, 경제사회이사회, 인권이사회 등 여러 이사회가 있어요. 이사회에는 각국이 돌아가며 이사국을 맡아 참가합니다. 또 유엔은 식량농업기구FAO, 국제노동기구ILO, 유엔교육과학문화기구(유네스코)UNESCO, 국제통화기금IMF 등 각종 산하 기구를 두고 있어요. 유엔의 모든 일을 총괄하는 기관은 사무국입니다. 사무국을 이끄는 사무총장은 2017년부터 현재까지 포르투갈 출신 안토니우 구테흐스(António Guterres, 1949~)가 맡고 있습니다.

유엔은 인권, 환경, 보건, 교육 등 모든 분야에서 지구에 사는 모든 인간의 삶을 개선하는 역할을 쉼 없이 해왔답니다. 하지만 문제점도 있어요. 이를테면, 가장 중요한 회의인 안전보장이사회

#구호 #자연재해 #전쟁 #참관국 #총회 #이사회 #이사국 #산하기구 #인권 #환경 #보건 #교육

(안보리)에서 미국, 중국, 러시아, 프랑스, 영국은 순번 없이 언제나 한 자리씩 차지하는 상임이사국이고 '거부권'도 행사할 수 있습니다. 다른 나라들이 돌아가며 이사국을 맡아 참가하는 자리에 막강한 힘을 가진 다섯 국가가 상시 이사국 자리를 차지하고 있지요. 이 중 한 나라라도 반대하면 안보리가 결정할 수 없기 때문에 비판이 많아요. 일본, 브라질 등 몇몇 나라는 상임이사국을 늘려 자신들도 한 자리를 차지하길 바라고 있어요. 여러분은 이 부분에 대해 어떻게 생각하나요?

지난 2022년 러시아와 중국을 유엔 안보리 상임이사국에서 퇴출하자는 주장이 제기됐습니다. 러시아의 경우에는 우크라이나 전쟁이 계기가 됐습니다. 게다가 북한과의 무기 거래에 나서는 등 안보리 결의를 정면으로 위반하고, 중국과 함께 북한의 도발에 대한 추가 제재 논의에 번번이 거부권을 행사하는 등 상임이사국으로서 국제평화와 질서를 훼방한다는 이유였습니다. 과연 두 나라의 상임이사국 지위를 박탈할 수 있을까요? 이론적으로는 가능합니다. 안보리 5개 상임이사국이 모두 동의하고 비상임이사국 포함 9개 나라가 지위 변경에 동의해 이를 상정하면 총회에서 193개 회원국 중 3분의 2 이상의 동의를 통해 상임이사국 지위를 박탈할 수 있어요. 하지만 상임이사국 스스로 지위 박탈에 동의해야만 해서 현실적으로는 불가능한 일입니다. 그래서 현실적인 대안으로 상임이사국 숫자를 늘려서 이사국들 간의 견제와 균형을 통해 다양한 견해를 수렴하자는 주장이 나와요. 지난 2023년 총회에서 구테흐스 유엔 사무총장은 "세상은 변화했지만 유엔은 변화하지 못했다"면서 "유엔 안보리를 현재 국제사회의 상황에 맞춰 개혁해야 한다."라고 말했습니다.

세계인권선언
모든 사람은
존엄성과 권리를 지닌다

1948년 12월 10일, 유엔은 파리에서 열린 총회에서 세계인권선언UDHR을 채택했어요. 앞에서 언급했듯 모든 사람이 누려야 할 기본권의 내용을 정하고 모든 나라가 이를 보호할 의무를 지도록 규정한 중요한 문서입니다. 유엔 총회에서 채택된 수많은 문서 가운데 세계에서 가장 많이 번역된 문서이기도 합니다.

선언은 머리말과 비슷한 전문前文이 있고 본문은 30개 조로 구성되어 있습니다. 개인이 누려야 할 자유, 노동에 관련된 권리, 사람답게 살 권리를 명시했어요. 국제조약처럼 직접적인 법의 효력을 갖지는 않지만 '국제관습법'으로 인정됩니다. 또한 이 선언의 내용을 반영해서 각국의 헌법이 만들어졌기 때문에 사실상 모두가 지켜야 할 국제법으로 여겨져요. 2차 대전을 겪은 뒤 세계가 머리를 맞대고 각국이 지켜야 할 기준을 만들었고, 그 원칙들을

🔍 #유엔_파리_총회 #UDHR #국제관습법 #존엄성 #지유 #정의 #평화 #인권_보호 #권리

국제법과 같은 지위로 끌어올렸다는 점에서 큰 의미가 있습니다.

선언은 "모든 인류 구성원은 날 때부터 받은 존엄성과 남에게 내줄 수 없는 권리를 가지며 이를 인정하는 것이 세계의 자유와 정의와 평화의 기초"라고 못박았습니다. '사람은 언론과 신앙의 자유를 가지며 공포나 결핍을 겪지 않을 수 있어야 하고, 법에 따른 통치로 인권을 보호해야 한다.'라고도 했지요. 사회의 진보와 함께 생활 수준을 높이는 것이 국제사회가 해야 할 일이라고 명시했습니다. 인종이나 피부색, 성별, 언어, 종교, 정치적인 견해, 민족이나 출신, 재산과 신분 등에 따른 어떤 차별도 없어야 한다는 점을 분명히 하면서 노예제도나 고문도 금지했고요. 재판에서 범죄가 완전히 입증되기 전에는 일단 죄가 없다고 보는 '무죄 추정의 원칙'도 있습니다. 사생활을 침해받지 않을 권리, 이동과 거주의 자유, 박해를 피해 다른 나라로 가서 보호받을 권리 등과 함께 자신의 결혼을 결정할 권리, 일과 직업을 자유로이 선택하고 좋은 조건에서 일할 권리도 포함돼요.

"성년이 된 남녀는 인종, 국적, 종교의 제한을 받지 않고 결혼할 수 있으며, 가정을 이룰 권리가 있다. 결혼에 관한 모든 문제에 있어서 남녀는 똑같은 권리를 갖는다." 세계인권선언 제16조의 내용입니다. 당연한 말이지만 현실은 그렇지 않답니다. 파키스탄 북서부 일부 지역에는 여자아이를 성인 남자와 강제로 결혼시키는 관습이 있습니다. 2013년 의회가 이를 금지하고 징역형과 벌금을 부과하는 명령을 시행했지만 악습은 근절되지 않았어요. 강제 청혼과 결혼 압박에 시달린 20대 여성 인테하 비비는 12살 때 자신을 신부로 낙점했다는 남자가 나타나자 정신적 충격과 불안감에 휩싸여 현재 법정투쟁을 벌이고 있습니다. 인도에서도 사랑하는 사람을 스스로 선택해 결혼하려던 여성이 집안의 명예를 떨어뜨렸다는 이유로 이른바 '명예살인'을 당하는 사건이 종종 일어납니다.

탈식민

식민통치 억압에서 벗어나
주권을 가진 나라를 만들기 위하여

유엔이 만들어지고 세계인권선언이 채택될 무렵까지 세계 곳곳에는 여전히 식민 지배를 받는 지역이 존재했습니다. 한국이나 인도처럼 2차 대전이 끝나면서 독립한 나라도 있지만 아시아와 아프리카 여러 지역이 독립을 위해 더 오랜 기간을 싸워야 했습니다. 식민 통치에서 벗어나 주권을 가진 나라를 만들기 위한 이 과정을 통틀어 탈식민脫植民이라 하고, 탈식민의 바탕이 되는 생각을 탈식민주의라 부릅니다.

식민 지배를 받는 이들이 강한 군사력을 가진 나라들로부터 독립하는 과정은 쉽지 않았어요. 프랑스 식민지였던 베트남과 알제리를 예로 들어볼게요. 베트남과 알제리는 각기 전쟁을 거쳐 힘들게 독립했습니다. 수많은 사람의 목숨을 앗아간 전쟁이었어요. 특히 베트남은 1940~1950년대 독립전쟁을 치르는 와중에 나라가 둘로 갈라졌고, 1960~1970년대에는 프랑스뿐 아니라 미국과도 전쟁을 치러야 했습니다. 알제리는 아프리카 북쪽 사하라

사막지대에 있는 나라인데, 프랑스 식민지 시절 프랑스에서 이주해 온 사람들이 많이 살고 있었어요. 프랑스 이주민들이 알제리 독립을 방해하는 바람에 격렬한 전쟁이 일어났고, 알제리는 1962년에야 독립할 수 있었습니다.

아프리카에서는 1957년 가나를 시작으로 여러 식민지가 잇달아 독립했습니다. 1960년에 17개국이 한꺼번에 독립해, 이 해를 '아프리카 독립의 해'라 부르기도 해요.

오랫동안 남의 지배를 받고 자신들이 가져야 할 자원은 물론 인력까지 빼앗겨 온 지역들이 독립 뒤에 곧바로 발전할 방법을 찾기는 쉽지 않았습니다. 게다가 유럽 국가들이 멋대로 '영국 땅' '프랑스 땅' 하며 국경을 그어놓은 상태였거든요. 나라를 구분짓는 경계선들이 그대로 독립국들의 국경이 되는 바람에, 전혀 다른 민족들이 한데 섞이거나 하나의 공동체로 살아왔던 사람들이 각기 다른 나라로 분리되었습니다. 유럽국들이 만들어놓은 사회 구조가 그대로 남아 있는 탓에 갈등이 빚어진 나라들도 적지 않아요. 예를 들어 아프리카에서 세 번째로 큰 면적을 가진 수단에서는 지난 수십 년 동안 정치적 혼란, 종족 갈등이 이어지고 있는데요, 영국의 식민 지배 기간 중 남부와 북부의 분리통치 정책으로 인해 이질화가 심화됐던 것이 근본 원인으로 꼽힙니다.

하지만 해당 지역에 살던 사람들에게 식민 지배에서 벗어나 자신의 운명을 스스로 개척할 수 있게 됐다는 것은 큰 의미가 있는 일입니다. 인종주의와 열강의 착취에서 벗어나 자신들의 국가에서 권리를 요구할 수 있게 되었으니까요. 또한 권리에는 의무가 따르는 법입니다. 자기 자신은 물론 국가 발전을 위해 많은 사람이 노력하고 협력해야 합니다.

시민권
국가 구성원이 갖는 정치적 권리

시민市民의 정확한 뜻은 뭘까요? 한자어로만 놓고 보면 '서울 시민' '광주 시민'이라고 할 때처럼 '도시에 사는 사람'을 가리킵니다. 나아가 시민은 도시나 국가의 구성원으로서 정치적인 권리를 가진 모든 사람을 가리키는 용어로도 널리 쓰입니다.

시민으로서 행사할 수 있는 권리를 시민권市民權, citizenship이라고 합니다. 공직에 나설 권리, 투표할 권리, 기본권을 누릴 권리 등을 모두 합쳐 부르는 말이죠. 시민과 시민권 개념의 뿌리를 찾으려면 이번에도 고대 그리스로 거슬러 올라가야 합니다. '시민'은 고대 그리스 아테네처럼 도시국가에 살면서 국가의 결정에 적극적으로 참여할 권리를 가진 사람들을 뜻하는 말이었죠. 앞에서 얘기했듯이 성인 남성만 해당되었지요.

시민이라는 개념은 한동안 잊혔다가 유럽에서 귀족제가 쇠퇴하고 농업과 상업이 발전하면서 다시 부각됐습니다. 평민들이 재산을 소유하기 시작했고 재산을 소유한 평민의 수가 늘어나면서 권리를 갖고자 했습니다.

　민주주의가 발전한 오늘날 시민은 재산, 성별, 인종 등에 관계없이 한 국가 혹은 지역에 사는 모든 이들을 포괄하는 개념으로 쓰입니다. 고대 그리스와는 많이 다르지요. 그런가 하면 '시민권'이라는 말이 보편적 권리를 지칭하기보다는 한 나라의 국적을 가진 사람들의 권리로 해석되기도 해요. '미국 시민권자'라고 할 때는 단순히 여행 중이거나 공부 혹은 일을 하러 가서 머무는 사람이 아니라, '미국 국적을 가진 사람'을 가리키는 말이 됩니다.

　한국은 어떨까요? '한국 시민권자'라는 말이 우리에게는 영 낯설죠? 한국 사회에서 '시민'은 대체로 민주사회의 구성원으로서 권리를 적극 행사하면서 공동체에 참여하고 정치적인 의지를 표출하는 이들을 가리키는 말로 많이 쓰입니다.

　'세계시민'이라는 말이 있습니다. 이제는 국적이나 살고 있는 지역을 넘어 세계에서 일어나는 일이 나와 연관되는 시대예요. 먼 나라에서 일어나는 부도덕한 일에 맞서 그곳 사람들과 함께 목소리를 내고, 또 내가 사는 곳의 정부나 기업이 하는 일이 윤리적인 기준에 맞는지도 감시해야 하고요. 한 국가가 아닌 '세계의 시민'으로서, 글로벌 시대를 살아가는 우리에게는 이전 세대와는 또 다른 어떤 태도가 필요할지 함께 생각해봐요!

Q　#정치적인_권리 #민주사회의_구성원 #세계시민 #기본권 #투표권 #고대_그리스 #보편성 #국적

민권운동
평등과 정의를 위한
흑인들의 투쟁

미국은 민주주의의 본고장처럼 여겨집니다. 그렇다면 미국의 민주주의는 다른 나라들보다 훨씬 앞서 진행되었을까요? 미국은 민주주의의 기틀을 만든 나라이지만 그 역사가 곧고 순탄하지만은 않았어요. 여성들은 남성들보다 훨씬 늦게 참정권을 얻었고, 흑인 주민 모두가 투표권을 가지기까지는 그로부터 한참이 걸렸습니다.

'노예가 아니고' '재산을 가진' 일부 흑인 남성들은 오래전부터 투표할 수 있기는 했습니다. 흑인 유권자가 처음 투표한 것은 1870년으로 거슬러 올라가요. 하지만 노예제를 없애는 데 반대해서 전쟁까지 일으켰던 남부 주들은 흑인이 투표하려면 '투표세'를 내도록 제도를 바꾸어가며 투표를 막고는 했습니다. 글을 읽을 수 있는지 검사해서 읽지 못하는 흑인 유권자들을 탈락시키는 경우도 있었고요.

흑인들은 투표에서만 배제된 게 아니었습니다. 정치적, 경제적, 사회적으로 모든 면에서 극심한 차별을 받았습니다. 백인과 같은 학교에 다니지 못하고, 버스에서도 백인들 자리에 앉지 못하거나 뒷자리로 밀려나고, 식당이나 화장실조차 출입이 제한됐어요. 백인 화장실과 멀리 떨어진 곳에 유색인종 전용 화장실이 따로 있을 정도였습니다.

1960년대에 들어, 흑인들의 분노가 쌓이고 쌓이다 폭발했습니다. 평등과 정의를 위한 흑인들의 거대한 투쟁을 '민권운동民權運動, Civil Rights Movements'이라고 부릅니다. 버스에서 백인에게 자리를 내주라는 요구를 거부한 로자 파크스(Rosa Parks, 1913~2005)와 마틴 루서 킹 목사(Martin Luther King, Jr., 1929~1968)는 민권운동의 대표적인 투사입니다.

민권운동의 성과로 1964년 '민권법'이 만들어졌고, 2년 뒤 연방대법원의 판결에 따라 투표세 같은 불평등한 제도는 사라졌습니다. 하지만 지금까지도 교육 수준이나 소득 등 여러 면에서 차별이 남아 있을 뿐 아니라, 심지어 남부 몇몇 주에서는 아직까지도 투표 제도를 복잡하게 만들어서 흑인들의 투표율을 낮춥니다. 미국은 모든 시민이 자동적으로 유권자가 되는 것이 아니라 시민들이 따로 '유권자 등록'을 해야 투표를 할 수 있는 시스템이거든요. 이 때문에 늘 돈 없고 학력이 낮은 사람들, 특히 흑인과 이주

🔍 #미국 #투표권 #유권자 #차별 #민권법 #투표율 #유권자_등록 #불평등 #블랙라이브스매터

민 출신은 투표하기 힘들어진다는 비판이 나옵니다.

노예해방과 민권운동으로 미국 흑인들은 자유와 평등을 보장받았지만, 현실에서는 여전히 흑인이라는 이유로 차별받고 억압받는 일이 벌어지고 있습니다.

2012년 2월 26일, 플로리다주 샌퍼드시에서 17살 청소년 트레이본 마틴이 자경단원 조지 짐머만이 쏜 총에 맞아 사망하는 사건이 벌어졌습니다. 마틴은 편의점에서 사탕 한 봉지를 사 가지고 집에 가던 중이었으며, 술이나 마약에 취한 상태가 아니었어요. 전과도 없었죠. 짐머만은 살인 혐의로 기소됐지만, 재판에서 자신이 보기에 마틴이 수상하게 행동했기 때문에 정당방위 차원에서 총을 쏜 것이라고 주장해 무죄판결을 받았어요. 그러자 미국 흑인사회에서는 대대적인 항의운동이 일어났습니다. 소셜미디어에 '블랙라이브스매터(Black Lives Matter)'란 해시태그가 등장한 것을 계기로 이 운동에 '블랙라이브스매터'란 이름이 붙었습니다. 우리말로는 '흑인의 생명도 소중하다'로 번역할 수 있습니다. 흑인 범죄자 체포 과정에서 백인 경찰의 과잉 진압에 대한 항의로 시작된 이 운동은 흑인 인권보호를 위한 투쟁으로 확대됐습니다.

시민불복종
공동체의 양심을 일깨우다

"악법도 법이다." "나쁜 법은 싸워서 바꿔야 한다!"

여러분은 이 두 가지 주장 가운데 어느 쪽에 더 동의하나요? 법은 법이니 악법이라도 지켜야 하는 걸까요? 아니면 악법은 어떻게든 바꿔야 할까요? 흑인의 자유와 권리를 제한했듯 국가가 잘못된 지시를 하거나, 나쁜 법과 제도로 시민들을 억압할 때 시민들은 악법과 제도에 복종하기를 거부함으로써 저항의 뜻을 보여줍니다. 이를 '시민불복종市民不服從'이라고 합니다.

시민불복종이라는 개념이 퍼지는 데에는 미국 자연주의 사상가 헨리 데이비드 소로(Henry David Thoreau, 1817~1862)와 인도 독립운동 지도자 마하트마 간디(Mohandas Karamchand Gandhi, 1869~1948)가 큰 영향을 미쳤습니다. 소로는 노예제도와 멕시코-미국 전쟁에 항의하기 위해 세금 납부를 거부했어요. 그 대가로 하루 동안이기는 하지만 감옥에 갇혔답니다. 이집트에서는 영국의 식민 통치에 항의해 사아드 자글룰(Saad Zaghloul,

1859~1927) 등이 간디처럼 비폭력 저항에 나섰지요. 이들은 평화적인 방식으로 국가의 잘못된 통치에 맞서면서 그에 따른 처벌이 부당할지라도 감내하는 방식으로 싸움을 펼쳤습니다. 미국의 민권운동 지도자 마틴 루서 킹 목사는 시민불복종에 대해 "부당한 법에 저항하되 처벌을 기꺼이 받아들임으로써 공동체의 양심을 일깨우는 행위다."라고 설명했어요.

아프리카 남쪽 끝 남아프리카공화국에서는 1990년대 초반까지 '아파르트헤이트Apartheid'라는 이름으로 백인 정권이 흑인을 극심하게 차별·착취했어요. 아파르트헤이트는 인종을 분리하여 극단적으로 차별하는 정책과 제도예요. 수많은 흑인과 흑인 편에 선 백인, 아시아계 주민이 불복종 운동을 펼쳐서 이를 폐지하는 데 성공했어요. 과거 공산주의 통치를 받던 동유럽 국가들과 일제강점기 및 독재정권 시절 한국에서도 비슷한 운동들이 벌어졌습니다. 1919년 3·1 운동, 1929년 광주학생항일운동, 1960년 부정선거가 도화선이 돼 이승만 정권에 시민들이 항거한 4·19 혁명, 1980년 신군부에 맞서 민주화를 요구한 5·18 광주민주화 운동 등이 대표적인 시민불복종 사례입니다. 외국에서는 2016~2017년 한국에서 박근혜 당시 대통령 탄핵을 이끌어낸 '촛불혁명'을 시민불복종의 사례로 본답니다.

Q   #악법 #복종을_거부한다 #저항 #비폭력_저항 #아파르트헤이트 #인종_분리 #촛불혁명

직접민주제
국가 결정에
시민이 직접 참여해요

민주주의에서는 시민 모두가 자기 의사를 밝히고 국가의 결정에 영향을 미칠 수 있어야 합니다. 참정권을 가진 시민의 숫자가 적으면 무슨 일이 있을 때마다 의견을 묻고 투표로 결정하는 일이 가능하겠지요. 시민이 국가 의사 결정에 직접 참여하는 정치 시스템을 직접민주제直接民主制라고 불러요.

직접민주제 역시 도시국가인 고대 그리스 아테네에서 선례를 찾아볼 수 있습니다. 시민권을 가진 사람이 제한되어 있었다고 했지요? 시민은 자유로운 신분을 가진 남성으로만 구성되어 시민의 수 자체가 적었기 때문에 직접민주제를 할 수 있었어요. 아테네 민주주의의 황금기로 불리는 기원전 5세기 무렵에 아테네 주민은 총 25만 명에서 30만 명 정도였는데, 그 가운데 노예와 미성년자, 여성을 뺀 유권자는 3만~5만 명 정도였습니다. 유권자들이 수시로 모여서 토론하고, 중요한 결정을 할 때는 한 표를 행사해 다수결로 결정했어요.

현대에는 국가 규모가 커지고 정부의 역할과 기능이 복잡해졌기 때문에 직접민주제를 실시하기에는 힘들어요. 그래서 대부분은 대의제를 택하고 있습니다. 모든 구성원은 정치 참여를 보장받아야 하는 것이 민주주의의 기본 원칙인 만큼, 나의 권한을 누군가에게 맡겨둔다면 부족한 부분이 생길 수 있어요. 그래서 직접민주제의 요소들을 법과 제도에 도입해서 대의제를 보완합니다. 대의제를 보완하는 제도로는 국민투표(주민투표)와 국민발안, 국민소환 등이 있습니다.

국민발안은 의회가 아니라 국민이 직접 법안을 만드는 제도를 말해요. 일정한 수 이상의 국민이 원하면 직접 개헌안이나 법안을 제출할 수 있도록 했습니다. 국민에게 큰 도움이 될 법안을 의회가 만들지 않거나 거부하면 의원들 손을 거치지 않고 국민이 법안을 만들어요. 민생에 시급한 일인데 의원들을 거쳐야 해서 시간이 오래 걸리는 법안을 신속히 제정할 필요가 있을 때에도 발의할 수 있어요. 한국에도 한때 50만 명 이상이 뜻을 모으면 법안을 내놓을 수 있도록 했는데, 이 제도는 1972년 헌법에서 폐지됐습니다. 2020년 3월에 국회에서 국민발안제를 담은 헌법 개정안이 논의되었다가 표결에 참여한 의원들 숫자가 많지 않아서 폐기됐습니다.

2024년 7월, 여야 의원들이 국민 100만 명 이상의 참여로 헌법 개정안을 낼 수 있도록 하기 위한 개헌안을 내놓아 관심을 모았습니다. 50만 명이 100만 명이 됐으니 발안 기준이 강화된 셈이네요. 개헌안 작성에 참여한 의원들은 국민참여를 제도적으로 보장해 이른바 광장민주주의, 즉 시민들이 광장시위를 통해 정부에 불만을 제기하던 방식을 투표민주주의로 전환함으로써 대의제 민주주의를 보완할 수 있다고 주장했습니다. 반면 국민발안의 무분별한 남용이 우려된다는 반론도 있습니다. 대의제 및 이와 관련된 제도들은 뒤에서 더 자세히 살펴볼게요.

Q   #유권자 #토론 #정치_참여_보장 #국민투표 #주민투표 #국민발안 #국민소환 #대의제

043

대의제
주권은 국민에게
법안 제출권은 정부와 국회에

한국은 2024년 기준으로 인구가 5,100만 명이 넘습니다. 그중 유권자라고 불리는 성인 인구는 4,400만 명에 이릅니다. 4,400만 명 모두가 직접 참여해 법안을 만들어서 함께 토론하고 다같이 결정한다고 생각해봅시다. 도저히 불가능하겠죠? 혹은 시간과 노력이 엄청나게 많이 들 거예요. 다른 나라들도 사정은 비슷합니다. 그래서 직접민주제가 아닌 대의제代議制, representative democracy를 채택하고 있습니다. 국가의 주권은 국민에게 있지만, 모두가 주권을 동시에 행사할 수는 없으니까요. 국민의 뜻을 누군가에게 맡겨 행사하겠다는 뜻입니다.

간접민주제라고도 할 수 있는 대의제는 법을 만드는 의회의 구성원, 즉 '의원'을 국민이 뽑아서 의원으로 하여금 국민의 뜻을 대변하게 하는 제도입니다. 대한민국 헌법에 따르면 정부와 국회의원만 '법률안 제출권'을 가집니다. 정부와 의원들이 국민을 대표해 법률안을 제출할 권리를 행사한다는 의미입니다. 법안을 만들거나 국회에서 표결할 때 의원들이 매번 주민의 뜻을 물어 결정하면 좋겠지만 실제로는 의원들이 '알아서' 판단합니다. 물론 그 전에 여러 정책 공약이나 정치적 발언, 소속된 정당의 입장 같은 것을 보면서 유권자들이 해당 의원을 뽑았겠지만요. 만일 다수 유권자가 바라는 것과 다른 방향으로 의원이 법안이나 정책을 선택한다면 어떻게 될까요? 그래도 대의제가 올바르게 작동하고 있다고 할 수 있을까요?

법학자나 정치학자들은 국민이 의원에게 권한을 맡긴 만큼 그 의원이 어떤 결정을 하든 유권자들의 뜻을 대변하는 것으로 봐야 한다고 견해를 밝힙니다. 하지만 이런 일이 반복되면 유권자들은 불만이 쌓일 수밖에 없겠지요. 다수 국민의 뜻을 대표하지 못하고 어긋나는 일이 반복되면 유권자들은 자신이 가진 가장 큰 무기인 투표로 심판합니다. 그 의원을 다음 선거에서 탈락시키는 수밖에 없지요.

국민이 뽑은 국회의원이 제 역할을 하지 못하고 문제만 일으킨다면 어떨까요? 국민은 국민소환을 통해 그런 정치인들을 쫓아낼 수 있어요. 국민소환은 직접민주제의 제도 중 하나입니다. 선거를 통해 선출된 대표를 선거권자들이 투표로 파직할 수 있도록 하는 제도예요. 국민소환제도를 채택한 나라는 많지 않아요. 정치가 불안정해질 우려가 커지기 때문입니다. 다만 주민들이 뜻을 모아 지방자치단체장을 몰아낼 수 있도록 제도화한 나라는 많습니다.

한국도 지방정부에 대한 소환제도인 '주민소환제'를 두고 있습니다. 2007년 주민소환제가 도입됐지만, 소환 성공 사례는 2건 (2023년 기준)에 불과합니다. 막말 또는 도덕성 문제로 정치 혐오를 부추기는 국회의원이 나올 때마다 국민소환제를 도입하자는 여론이 들끓었지만, 국회의원을 국민이 소환하거나 파면할 수 있는 제도적 장치는 아직 없습니다.

국민투표

중요한 문제는
국민이 투표해서 결정해요

대의제를 보완할 직접민주제 요소 중에서 국민투표를 대표적으로 꼽을 수 있습니다. 한 국가 전체가 아니라 어느 지역에서만 투표가 실시되는 경우, 우리나라에서는 '주민투표'라는 말로 구분해서 부릅니다.

국민투표나 주민투표는 중요한 사안이나 법률 등을 놓고 유권자들이 직접 투표해서 결정하는 제도입니다. 대표적인 사례는 영국에서 만나볼 수 있어요. 영국은 국민투표를 거쳐 2016년에 브렉시트, 즉 유럽연합EU 탈퇴를 결정했습니다.

스페인 카탈루냐 지방에는 스페인으로 묶여 있기 싫다면서 자기들끼리 독립하기를 바라는 사람이 많아요. 프랑스와 국경을 맞대고 있는 카탈루냐는 스페인 내에서도 지방색이 강한 곳으로 유명합니다. 고유의 언어와 역사, 문화, 생활방식 등을 가지고 있어서 자기들만의 독립 국가를 세워 정체성을 지키려는 열망이 강하지요. 독립을 원하는 이들은 독립할지 말지를 주민투표로 결정하겠다고 하는데, 스페인 정부는 반대합니다. 카탈루냐의 분리 독립은 하나의 국가로서 통일성을 무너뜨리는 일이라는 이유에서입니다. 나아가 스페인 전체 국민총생산GDP의 20퍼센트를 차지할 정도로 큰 경제력을 가진 카탈루냐가 떨어나갈 경우 스페인 경제가 많은 타격을 받기 때문입니다. 그래서 주민투표를 허용할지는 늘 정치적으로 화제입니다. 법원이 카탈루냐의 주민투표를 금지하자 주민들이 들고 일어난 적도 있고요.

한국은 1954년 헌법을 고치면서 '주권의 제약과 영토의 변경을 가져올 중대 사항'에 대해 국민투표를 할 수 있게 했어요. 이 조항은 없어졌다가 다시 생겼다가 곡절을 거듭했는데, 1987년 바뀐 헌법에서 국민투표제를 명시했습니다.

그렇다면 어떤 내용을 국민투표에 부칠까요? 헌법 자체를 고친다면 반드시 국민투표를 거쳐야겠지요. 국회가 헌법을 고치기로 하고 개헌안을 만들어서 의결하면 30일 안에 국민투표를 해야 합니다. 유권자 절반 이상이 투표하고, 투표한 사람의 절반 이상이 찬성하면 헌법이 바뀌어요. 그 외에도 대통령이 필요하다고 판단하면 '외교·국방·통일, 기타 국가 안위에 관한 중요정책'을 국민투표에 부칠 수 있어요.

한국에서는 1962년과 1969년, 1972년, 1987년 개헌안 국민

Q   #대의제_보완 #주민투표 #유권자들의_선택 #브렉시트 #카탈루냐_독립 #헌법_명시

투표를 해서 헌법을 고친 전례가 있지요. 특히 1987년에 이루어진 개헌은 '6월 항쟁'에서 표출된 국민의 정치적 요구에 따라 대통령직선제를 도입한 것 외에도 개정 전 헌법과 비교해서 국민의 기본권을 강화하고 통치권 행사의 절차적 정당성을 강조하는 내용을 많이 보완했다는 점에서 의미가 큽니다.

만약 지금 우리가 국민투표를 한다면, 투표에 부칠 만한 이슈는 어떤 게 있을까요?

2016년 5월 24일 영국에서 국민투표가 치러졌어요. 사안은 '유럽연합 탈퇴'였습니다. 이를 '브렉시트(Brexit)'라고 합니다. 영국의 브리튼(Britain)과 '탈출(exit)'를 합쳐 만든 말이에요. 당시 영국에서는 경제가 어려운 상황인데도 동유럽에서 많은 노동자가 들어와 영국인의 일자리를 위협하고 있다는 비판과 불만이 고조되고 있었습니다. 그런 상황에서 유럽연합은 금융위기에 빠진 그리스 등 일부 회원국들을 돕고, 중동과 아프리카에서 들어오는 난민들을 지원하는 데 유럽연합 회원들이 힘을 합쳐야 한다고 요구했습니다. 그러자 영국 국민들은 회원국으로서 혜택은 적고 해야 할 의무만 늘어나니 차라리 유럽연합에서 탈퇴하는 게 낫겠다고 생각합니다. 국민투표 개표 결과 72.2퍼센트의 투표율에 51.9퍼센트의 찬성, 48.1퍼센트의 반대로 영국의 유럽 연합 탈퇴가 확정됐어요. 1973년 영국이 유럽연합에 가입한 지 43년 만에 이루어진 탈퇴 결정이었습니다. 2020년 1월 31일 23시(영국 시각)부로 영국은 유럽연합에서 정식 탈퇴했어요.
영국은 브렉시트를 결정한 이후 많은 경제적 어려움을 겪었고, 총리가 여러 차례 바뀔 정도로 극심한 정치적 혼란을 겪어야만 했습니다. 하지만 국민들이 투표로 탈퇴를 결정했던 만큼 당연히 감수해야만 하는 혼란이었죠. 2024년 현재 브렉시트를 후회하는 국민도 많다고 합니다.

스위스 국민투표
다양한 사안을 국민이 투표하는
대표 국가 스위스

대한민국에서 마지막 국민투표가 진행된 때는 1987년이었으니, 지금 우리에게는 국민투표나 주민투표가 법규에만 있는 낯선 제도처럼 느껴집니다. 최근에도 주민투표를 일상에서 실시하는 나라가 있을까요?

스위스는 직접민주제를 적극 채택하고 있습니다. 스위스 인구는 2020년 기준으로 860만 명, 국토는 4만 1,000제곱킬로미터입니다. '소국'이라고 보기에는 작지 않은 크기에 적지 않은 인구입니다. 하지만 스위스는 직접민주제를 얘기할 때 반드시 등장하는 국가예요. 스위스에서 중요한 사안을 국민투표로 결정하자고 헌법에 못 박은 때는 19세기 말입니다. 이후 120년 동안 250번 남짓 국민투표를 했으니, 해마다 두어 차례는 유권자들이 선거가 아니더라도 정치적인 의사 표현을 하러 투표소에 가는 셈입니다. 그런 나라가 1971년에야 여성에게 투표권을 줬다는 것은 아이러니이지만요.

직접민주주의는 유권자의 뜻을 정확히 반영한다는 이점이 있지만 투표가 너무 자주 진행되면 국가의 돈과 에너지를 낭비할 수 있어요. 그래서 어떤 안건을 투표에 부치려면 18개월 안에 10만 명 이상의 뜻을 모아야 합니다. 횟수에도 제한을 두고요. 지방 차원에서는 더 자주 주민투표를 하지만 국가 전체를 대상으로 하는 국민투표는 1년에 4번까지 실시할 수 있습니다. '연방평의회'라는 기구가 어떤 내용을 언제 투표에 부칠지 미리 결정하는데 이미 몇 년 치가 밀려 있다네요.

스위스인들이 투표에 부치는 사안은 정말 다양합니다. 주민 5명 중 1명은 외국 국적자인데, 그 가운데 이슬람 신자들이 늘어나면서 문화적인 갈등이 일어났어요. 이슬람 사원의 뾰족한 첨탑을 '미나레트'라 부르는데 미나레트를 짓도록 허용할까를 놓고 2009년 투표했습니다. 결과는 '첨탑 건설 금지'였어요. 이주민들에게는 종교시설을 못 짓게 한 것이어서 논란이 일어났습니다. 2016년에는 전 국민에게 현금 300만 원을 지급하는 기본소득 실시를 안건으로 한 국민투표가 치러졌어요. 놀랍게도 76.9퍼센트란 압도적인 수치로 부결됐죠. 당시 스위스 유권자들 사이에서는 일시적인 현금 지급보다 근로의욕을 지속할 수 있는 장기적인 방안이 더 필요하다는 의견이 많았다고 해요. 2024년 3월 국민투표

🔍 #직접민주제 #연방평의회 #국가_예산_문제 #전자민주주의 #정보기술 #접근성 #한계

에서는 연금 인상은 찬성하고, 정년 연장은 반대했어요.

요즘에는 인터넷과 통신 기술이 발달하면서, 꼭 투표소에 가서 종이에 도장을 찍지 않아도 온라인으로 투표할 수 있죠. 뉴미디어와 정보기술IT이 빠르게 발전하는 시대가 되면서 새로운 형태의 정치 개념이 등장했습니다. 이를 '전자민주주의'라고 합니다. 정보통신 기술을 이용해서 국민이 정치과정에 적극적으로 참여하는 민주주의를 의미해요. 전자민주주의는 직접 민주주의의 폭을 넓힐 수 있다는 점에서는 유익하지만, 온라인상에서 잘못된 정보가 대대적으로 확산할 경우 많은 혼란과 불안이 초래될 수 있으며, 노인이나 빈곤층 등 정보기술에 쉽게 접근하기 어려운 국민들이 소외될 수 있다는 단점도 있어요. 앞으로 우리가 많이 고민해야 할 문제입니다.

스위스는 대표적인 영세중립국입니다. 영세중립국이란 국제적 조약을 통해 전쟁을 일으키지 않을 뿐만 아니라 타국의 전쟁에도 참여하지 않는 것을 조건으로 정치적 독립과 영토 통합의 권리를 영구적으로 보장받는 국가를 말해요.
영세중립국의 상징인 스위스는 15세기 중엽부터 주변 국가들의 침략을 막기 위해 중립 정책을 표방했습니다. 주변에 프랑스, 이탈리아, 독일, 오스트리아 등 강대국들이 포진해 있어서 늘 침략 위협에 시달렸거든요. 1499년 신성로마제국으로부터 독립한 스위스는 나폴레옹 전쟁 이후 열린 1815년 빈회의에서 영세중립국으로 공인받았습니다. 2차 대전의 패전국인 오스트리아는 사실상 강제로 영세중립국이 된 경우예요. 전후 한때 미국, 소련, 영국, 프랑스의 분할 통치를 받았던 오스트리아는 1955년 중립국을 선언한 뒤 55개국의 승인을 얻어 영세중립국이 됐습니다. 이밖에 코스타리카, 바티칸시국, 투르크메니스탄도 영세중립국입니다. 한편 스웨덴은 러시아·우크라이나 전쟁이 발발하자 2022년 5월 중립국 지위 포기하고 핀란드와 함께 나토에 가입했어요. 스웨덴은 국제조약으로 중립을 인정받은 영세중립국은 아니지만 200년 넘게 중립 노선을 지켜와 중립국으로 분류됩니다.

사회민주주의
대타협을 바탕으로 한
평등한 분배 복지의 확대

우리는 자본주의 사회에서 경제활동의 자유를 보장받습니다. 자유롭게 직업을 가지고, 직업을 통해 번 돈을 소비할 수 있습니다. 그러나 가진 사람들은 그 돈을 밑천 삼아 계속 재산을 불리고, 정작 일을 하는 사람들은 소외되곤 합니다. 자본주의의 가장 큰 문제점이에요. 소득 불평등이 심해지고, 노동자들이 저임금을 받으며 착취당하는 경우가 많아요.

자본주의를 다수 민중의 힘으로 뒤집고 '일한 만큼 갖는' 혹은 '필요한 만큼 갖는' 사회주의나 공산주의 세상을 만들자면서 1917년 러시아 혁명이 일어났어요. 이러한 움직임은 여러 나라로 확산했습니다. 하지만 오늘날의 러시아를 중심으로 드넓은 땅에 세워졌던 소련을 비롯해 지금까지 남아 있는 사회주의, 공산주의 국가들의 경제 성적표는 그리 좋지 않습니다. 민주주의 측면에서 보면 문제가 더 심각해요. 자본주의 경제를 혁명으로 급격하게 무너뜨리는 게 아니라, 좀 더 정의롭고 평등한 경제로 발전시키면서 동시에 대의제 민주주의를 충실히 지키는 쪽으로 가닥을 잡은 나라들도 있어요.

노동자와 농민 등 사회 집단들이 대화하고 합의해서 정책을 만들고, 다양성을 존중하면서 시민들끼리 연대해 정치적 발언권을 계속 키우고, 더 평등하게 분배하고, 많이 버는 사람들에게서 세금을 많이 걷어 사회 전체의 복지를 늘리는 이런 체제를 흔히 '사회민주주의(사민주의)Social democracy'라고 불러요.

사회민주주의의 바탕에는 기업 경영자들과 노조, 정부 간의 '대타협'이 있습니다. 공산주의와 달리 각자 자기 재산을 갖는 '사유재산제'를 인정하되, 꼭 필요한 경제나 복지 인프라는 정부가 맡거나 관여하는 '혼합경제'에 모두가 합의하면서 사회민주주의 모델이 발전했든요.

사민주의는 '복지국가'와 짝을 이루는 개념이기도 합니다. 스웨덴 등 북유럽 국가들에서는 유권자들의 지지 속에 사회민주당(사민당) 같은 정당들이 사민주의의 흐름을 주도하며 오래 집권해왔지요. 독일에서도 사민당이 큰 힘을 발휘했고요. 사민주의는 특히 스웨덴이나 노르웨이에서 정치적, 경제적으로 높은 성과를 거둬서 '노르딕(북유럽) 모델'이라고 불립니다.

그 덕분일까요? 2024년 유엔이 발표한 세계행복보고서를 보면 행복한 나라로 스웨덴이 4위, 노르웨이가 7위를 차지했어요. 1위는 6년 연속 핀란드이고요.

사민주의 정치 전통이 강한 북유럽 국가들은 '행복한 국가' 순위에서 늘 최상위권에 오르고 있답니다. 한국은 한 해 전보다 순위가 5계단 오르기는 했지만, 52위에 머물렀답니다. 2022년에는 57위, 2021년에는 62위였습니다. 한국이 더 행복한 국가가 되기 위해서는 무엇이 필요할까요?

Q #러시아_혁명 #사회주의 #공산주의 #시민주의 #복지국가 #대타협 #노르딕_모델

분리주의
우리 민족은
분리 독립을 원한다

여러분은 축구를 좋아하나요? 축구를 잘 몰라도 세계적으로 유명한 축구팀인 레알 마드리드 CF와 FC 바르셀로나는 들어본 적이 있을 거예요. 스페인 축구에서 바르셀로나와 마드리드의 라이벌전인 '엘 클라시코'는 전쟁을 방불케 하는 걸로 유명해요. 스포츠 역사상 가장 인기가 많은 경기이기도 합니다. 수도 마드리드 지역에 대해, 바르셀로나가 있는 카탈루냐 사람들이 갖고 있는 반감이 축구를 통해 표현됩니다.

앞에서 카탈루냐 사람들이 스페인 정부의 지배를 받고 싶지 않아 주민투표를 추진하고 있다고 했지요? 카탈루냐에서는 지난 2017년 자치 정부가 헌법재판소와 중앙정부가 불법으로 규정한 분리 독립 주민투표를 강행하면서, 중앙정부와 지방정부의 갈등이 최고조에 달했답니다. 개표 결과 90퍼센트가 분리 독립에 찬성하는 것으로 나타났지만, 중앙정부의 강력한 저지로 인해 실제 독립이 이뤄지지는 않았어요. 당시 주민투표를 주도했던 카를레스 푸지데몬 자치정부 수반은 사법 처리를 피하기 위해 벨기에로 피신한 이후 지금까지 유럽을 떠돌고 있습니다.

영국에도 비슷한 지역감정이 있어요. 오랫동안 북아일랜드 사람들은 영국이 아닌 아일랜드에 소속되고 싶다면서 무장 투쟁을 했더랬어요. 스코틀랜드에도 영국에서 벗어나 독립 국가를 만들고 싶어 하는 사람이 적지 않고요. 스페인에서는 프랑스와의 경계 지대에 사는 바스크Vasco, Basque인들이 독립하겠다면서 오랫동안 정부와 싸웠습니다.

과거 영국과 프랑스에서 건너간 사람들이 세운 캐나다는 인구의 절반 이상이 영어를 쓰는데요, 프랑스어를 쓰는 사람도 20퍼센트 가까이 됩니다. 프랑스어를 쓰는 사람들은 퀘벡 주에 많이 몰려 있어요. 이들은 1960~1970년대부터 퀘벡의 독립을 주장했고 1995년에는 주민투표까지 했어요. 하지만 1퍼센트포인트%p도 안 되는 차이로 부결됐습니다.

민주주의는 다수의 뜻을 따릅니다. 나라 전체에서는 소수이지만 어떤 지역에서는 다수인 집단이 있을 수 있어요. 퀘벡의 프랑스어 사용자들처럼요. 이들에게는 국가 전체의 민주적 결정이라 하더라도 자신들을 억압하는 것으로 느껴질 수 있습니다. 그렇게 되면 중앙정부로부터 갈라져서 자신들의 나라를 세우려는

#스페인 #카탈루나 #영국 #북아일랜드 #캐나다 #퀘벡 #중앙정부와의_대립 #독립

움직임이 일어나죠. 이를 분리주의分離主義라고 해요. 때로는 이 때문에 폭탄 공격이나 내전이 벌어지기도 합니다.

아프리카 에티오피아에서는 부패와 독재, 차별에 반발한 북부 사람들이 정부와 전쟁을 벌여 1993년 독립 국가를 만드는 데 성공했습니다. 터키, 이라크, 이란, 시리아 등에 퍼져 사는 쿠르드인은 전체 숫자가 4,000만 명에 육박해서 '세계 최대의 소수민족'이라고 불려요. 이들 중 일부는 자신들만의 독립 국가를 만들려는 꿈을 갖고 있지만, 아직도 그 꿈을 현실로 이루지 못하고 있습니다.

중국에도 분리 독립하려는 지역과 민족이 있습니다. 대표적으로, 중국 서쪽 건조 지대에 사는 위구르인 중에도 중국으로부터 벗어나고자 하는 사람들이 적지 않아요. 영국이 북아일랜드인들을 가혹하게 탄압했듯, 중국은 위구르인들을 억압하면서 독립을 막고 있지요. 위구르족은 튀르크계 민족이에요. 중국어로는 웨이우월족이라고 부릅니다. 위구르족은 문화적, 민족적으로 중앙아시아 국가들과 가깝다고 해요. 언어는 튀르키예어와 비슷하고, 종교도 이슬람 신자가 많아요. 중국 내 위구르족 인구는 약 1,200만 명으로, 카자흐스탄과 키르기스스탄 등과 국경을 맞댄 신장 위구르 자치구에서 대부분 살고 있어요. 종교, 언어, 문화가 중국의 한족 문화와 많이 다르다 보니 분리 독립하려는 움직임이 꾸준히 이어지고 있지만 중국 정부는 이를 강력하게 저지하고 있지요. 특히 일부 지역에 위구르족 강제수용소를 지어 분리주의자들을 수감해, 국제사회로부터 인권을 탄압한다는 비판을 받고 있습니다.

중국 남쪽 티베트 자치구에도 분리 독립 지지자들이 있습니다. 중국은 1950년 티베트를 침공해 이듬해 강제 합병했습니다. 1959년 중국의 합병에 반대하는 티베트인들이 폭동을 일으켰으나, 중국의 무자비한 진압에 티베트 불교의 최고지도자인 14대 달라이라마와 많은 티베트인이 인도로 망명했지요. 이 과정에서 약 120만 명이 목숨을 잃은 것으로 추정됩니다. 달라이라마는 이후 인도 북부 산악 마을 다람살라에 티베트 망명 정부를 세우고, 나라를 되찾기 위한 비폭력 평화운동을 벌이고 있습니다.

무정부주의
개인을 억압하는
국가권력을 거부한다

사회 모든 구성원이 정치에 참여하고, 다수의 뜻에 따라 사회의 중요한 일이 결정되는 민주주의 시스템은 다수를 따른다는 점에서 그나마 사람들의 불만이 가장 적을 수 있는 시스템이에요. 다만 국민 모두가 국가 운영에 참여할 수는 없는 만큼 국민의 뜻을 대변할 수 있는 정당 또는 지도자를 뽑아 정부를 구성하도록 일임하는 정치 제도가 바로 대의 민주주의라고 했지요. 하지만 누군가가 나를 대신해서 통치하고, 정부라는 주체가 있는 한 우리는 행동에 제한이 생기고 규제를 받을 수밖에 없습니다.

왕이든 장군이든 아니면 '다수의 뜻을 따르는 정부'이든, 누군가의 지배를 받는 자체가 한 개인으로서 억압당하는 것이라며 이를 거부하는 사람들이 있어요. 이들은 정부나 자본가들을 억압하고 착취하는 존재로 봅니다. 이런 사상을 '무정부주의' 또는 '아나키즘anarchism'이라고 합니다. 아나키즘은 '지배자가 없다ánarchos'는 뜻의 고대 그리스어에서 나온 단어예요. 무정부주의, 아나키즘을 따르는 사람들을 무정부주의자 또는 아나키스트라고 합니다.

아나키즘이 비판하는 대상에는 국가권력뿐 아니라 자본, 종교 등도 포함됩니다. 정치적 지배만이 아니라 모든 지배를 부정하고 의문을 품습니다. 국가 안에는 계급을 비롯해 여러 위계질서가 있기 때문에 국가는 반드시 억압하는 존재가 될 수밖에 없다고 생각하지요.

아나키즘이 본격적으로 싹튼 시기는 프랑스 혁명 때예요. 왕이나 귀족뿐 아니라 누구의 지배도 원치 않으며, 그 대신 자유로운 시민들이 함께 돕고 함께 결정하는 공동체를 꿈꾸는 사람이 많이 있었답니다. 정부나 자본가들의 억압과 착취에서 벗어나 자유로운 사회를 만들려는 사람들 가운데 사회주의자가 많았어요. 아나키스트는 사회주의자와는 색깔이 조금 다릅니다. 사회주의자들은 국가가 나서서 '모두가 평등하게' 경제를 결정할 것이라고 주장하지만, 아나키스트는 국가 역시 국민을 억압하게 될 것이라고 보았어요. 사회 정의와 평등한 분배를 꿈꾸는 것은 비슷하지만, 아나키스트는 시민의 자유로운 연대와 자치 쪽에 무게를 더 실었습니다. 기업 안에서도 노동자들이 자치 조직을 만들어서 생산과 분배를 스스로 결정하는 편이 낫다고 봤고요.

최근에는 지구 환경과 생태를 망치는 자본주의와 권력에 맞선 생태아나키즘, 환경아나키즘, 녹색아나키즘을 얘기하는 사람도 많아졌어요. 국가의 지배와 위계질서가 생태계를 망치고 인간과 자연의 공존을 방해하고 있으니 그런 권력을 거부해야 한다고 주장합니다.

지구환경을 보호하기 위해 개개인의 노력이 중요하기는 해도 정부 조직과 기업, 자본가들이 나서지 않으면 효과적일 수 없다는 주장도 많아요. 여러분은 어떻게 생각하나요?

🔍 #억압하고_착취하는_존재를_부정한다 #아나키즘 #아나키스트 #시민_공동체 #자유

탄핵
대통령의 잘못을 따져
자리에서 내쫓는 제도

"국민의 뜻이다! 탄핵하라!"

"말도 안 된다! 탄핵 반대!"

'탄핵彈劾'이라는 말은 잘못을 따져 추궁한다는 뜻으로, 아주 오래전부터 쓰였어요. 보통은 신하가 왕 앞에서 다른 신하를 비판하는 일을 가리켰습니다. 현대에는 탄핵에 다른 의미가 있습니다. 탄핵impeachment은 대통령을 비롯한 고위 공무원이 잘못을 저질렀는데도 일반적인 파면 절차와 현재의 법대로라면 자리에서 물러나게 하기가 쉽지 않을 때, 의회가 나서서 해임하거나 처벌하는 제도를 말합니다.

대한민국의 경우, 대통령이 큰 잘못을 하거나 심각한 불법행위를 저질렀다고 판단되면 국회가 '탄핵소추'를 합니다. 탄핵을 소추訴追한다는 것은, 국회에 탄핵을 발의하여 잘잘못을 따져보고 의원들이 표결해서 탄핵하기로 결정하는 일을 말해요. 탄핵안이 통과되면 대통령에게 통보하고, 대통령의 권한은 정지됩니다.

그다음은 헌법재판소가 탄핵할지 말지 최종적으로 결정합니다.

국민이 직접 뽑은 사람이나 아주 중요한 역할을 맡고 있는 사람을 의회가 사퇴시키는 일이 자주 있다면 나랏일이 잘 안 굴러가겠지요? 그래서 탄핵의 절차와 요건은 까다롭게 구성되어 있어요. 대통령을 탄핵하려면 국회의원 절반 이상이 탄핵소추에 동참해야 하고, 3분의 2 이상이 찬성해야 합니다. 헌법재판소에서는 9명의 재판관 중 6명 이상이 찬성해야 하고요. 이런 절차를 거쳐 대통령을 탄핵한 사례가 있습니다. 바로 박근혜 전 대통령 이야기예요. 박근혜 전 대통령은 국정을 운영하면서 헌법 질서에 위배되고 국민이 이해할 수 없는 여러 잘못을 저질러서 2017년 3월 10일 헌법재판소의 결정에 따라 탄핵됐습니다.

우리나라는 국회가 탄핵을 소추하면 헌법재판소가 결정하지만, 미국에서는 하원이 소추하면 상원이 결정합니다. 1974년 리처드 닉슨 대통령이 '워터게이트 사건'이라는 정치적인 스캔들에 휘말렸어요. 워터게이트 사건은 1972년 리처드 닉슨 당시 대통령 행정부가 베트남전 반대 의사를 표명했던 민주당을 저지하려는 과정에서 일어난 불법 침입과 도청 사건을 부정하고 은폐하기 위해 권력 남용한 사건을 말합니다. 도청 사건이 일어난 장소가 미국 워싱턴 DC의 워터게이트 호텔 건물이어서 '워터게이트 사건'으로 불립니다. 이 사건을 둘러싼 논란이 계속 이어지는 와중에 대통령이 거듭 거짓말을 한 사실이 드러나자, 하원이 탄핵을 추진했고 닉슨은 탄핵당하기 전에 스스로 사퇴했습니다.

　지우마 호세프 브라질 전 대통령은 브라질 최초의 여성 대통령으로 지난 2011년 취임했어요. 재선에 성공했던 그녀는 2016년 8월 탄핵되었는데요, 부패 혐의로 조사받을 처지가 된 의원들이 도와달라고 했지만, 지우마 호세프 대통령은 거절했어요. 그러자 의원들은 회계조작 문제로 트집을 잡아 대통령을 탄핵했습니다. 국민이 뽑은 대통령을 의회와 헌법재판소가 몰아낸 것이었죠. 지우마 호세프는 탄핵되었지만, 2022년 연방경찰이 예산집행과 관련해 회계를 조작했다는 호세프의 혐의에 대해 증거가 없다는 결론을 내려 수사를 종결했습니다. 본인의 주장대로 억울하게 탄핵당했다는 것이 입증된 셈입니다. 이후 브라질에서는 정치적인 갈등과 혼란이 몇 년 동안 이어졌어요. 특히 지난 2020년에는 호세프 탄핵 과정에 군부가 개입했다는 설이 제기돼 큰 논란이 일었습니다.

#해임 #처벌 #탄핵소추 #탄핵안 #권한_정지 #헌법재판소 #워터게이트 #닉슨_사퇴

다수결의 원리
다수를 따르는 것이
정말 민주적인 결정 방식일까?

"다수결로 결정하자."

"그래, 다수의 의견을 따르자."

공직선거에서는 물론, 학교 임원선거, 동네 반상회에서도 다수결의 원칙이 종종 적용됩니다. 다수결多數決의 원리만큼 일상에서 의사 결정의 원칙으로 많이 사용하는 규칙은 없을 거예요. 사람들의 의견이 저마다 엇갈릴 때는 조금이라도 더 많은 사람이 원하는 쪽으로 정하는 것이 가장 나은 방법이겠죠. 그런데 정치 뉴스에는 "다수당의 횡포에 야당 반발" 같은 기사가 흔히 나옵니다. 국회에서 의원 수가 많은 정당이 다른 여러 정당들의 반대를 무릅쓰고 법안이나 정치적인 조치를 밀어붙일 때를 가리키는 표현이에요.

여러분도 잘 알고 있듯, '다수결의 원리'는 더 많은 사람의 결정을 따르는 방법을 말합니다. 다수결의 원리가 적용되는 가장 단적인 예가 바로 선거입니다. 조금이라도 더 많은 표를 얻은 사람이 대통령이나 의원이 되잖아요. 민주주의의 기본 원리로서 사람들은 대부분 다수결의 원리를 인정합니다.

다수결이 진짜로 민주적인 방법이 되려면 여러 조건이 필요합니다. 사회의 모든 구성원 또는 완전히 100퍼센트는 아닐지라도 충분히 많은 사람이 한 표를 행사할 수 있어야 해요. 또한 그 사람들이 자기 의사에 따라 자유롭게 결정할 수 있어야 하고요. 하지만 이것만으로는 부족할 수 있어요. 사람은 어떤 일에 대해 여러가지 정보를 가지고 판단합니다. 그러려면 판단에 도움이 되는 정보들이 투명하게 공개되어야 합니다.

다수결에는 또 다른 함정도 있습니다. 80~90퍼센트가 찬성한다면 나머지 소수파도 이 결정을 따르는 데 동의하도록 설득하기가 용이하겠지요. 하지만 51퍼센트와 49퍼센트로 나뉜다면 어떨까요? 49퍼센트에 해당하는 사람들은 동의하기 어렵다고 느끼거나 아쉬워할 가능성이 큽니다. 대통령 선거에서 여러 후보에게 표가 분산되는 바람에 1등이 얻은 표가 전체의 30퍼센트밖에 안 된다면, 그 사람을 찍지 않은 70퍼센트는 '국민의 지지를 받지 못한 대통령'이라고 생각하겠죠. 그래서 대통령 선거에 '결선투표' 제도를 둬서, 1위와 2위 후보를 놓고 다시 한 번 투표하는 나라가 많습니다. 그렇게 하면 결선에서는 절반 이상의 지지를 얻은 사람이 집권하게 되니까요.

다수가 자신의 이익에 맞춰서 윤리적으로 옳지 않거나 소수에게 불공정한 것이 될 무언가를 결정한다면 제대로 된 민주주의가 아닙니다. 그런 일을 막기 위해, 다수결의 원리를 보완해서 사회의 약자들을 지켜주기 위해 우리 사회에 어떤 조치가 필요할까요? 다수결의 원칙만을 내세우기 전에 다양성을 이해하고 존중하는 사회가 되어야 하지 않을까 생각해봅니다.

선거운동
선거법을 지켜야지
막무가내로 하면 안 돼요

게임 '모여봐요 동물의 숲' 주민들은 다양한 생물을 채집하고, 동네를 꾸미며 살아갑니다. 서로 교감하면서 유유자적한 삶을 보내지요. 미국의 조 바이든 대통령은 2020년 선거 때 '모동숲' 게임 안에 '가상 선거운동본부'를 꾸렸답니다. 직접 만든 (가상의) 섬을 공개하기도 했고요. 이는 모두 선거 운동의 일환입니다. 바이든은 세계적인 인기를 얻고 있는 게임을 이용해 자신을 알리고 지지자를 확보하기 위해 활동했어요.

　다수결의 원리에 따르자면 더 많은 사람의 지지를 얻는 것이 가장 중요하겠죠. 법안이나 이슈를 투표에 부칠 때도, 대통령이나 의원을 뽑을 때도 마찬가지입니다. 그러려면 후보나 법안에 대해 알리고 내 편으로 설득하는 작업이 필요합니다.

　영국에서 유럽연합을 탈퇴할까 말까를 놓고 국민투표할 때를 예로 들어볼게요. 브렉시트를 찬성하는 쪽에서는 유럽연합에 있으면서 영국이 내야 하는 돈이 얼마나 많은지를 내세웠어요.

'이주노동자들이 일자리를 빼앗아간다.'라고 선전하기도 했고요. 브렉시트를 반대하는 이들은 '이주노동자들 덕분에 고용주 또는 기업 입장에서 임금 부담이 낮아지고 서비스 경쟁력은 높아졌다.'라고 반박했습니다. 또 유럽연합 덕에 관세가 줄어 수출이 늘었다고 맞섰어요. 이렇게 정치와 관련된 내용을 주장하고 알리는 일이 정치 캠페인입니다. 선거운동은 정치 캠페인의 대표적인 예입니다.

우리나라는 어떨까요? 선거를 앞두고 이뤄지는 선거운동을 생각해봅시다. 먼저, 동네 곳곳에 '벽보'가 붙습니다. 학교 담벼락, 주택가 인근에 붙은 벽보에는 후보 이름, 사진, 소속 정당, 후보 번호 등이 적혀 있지요. 또 유권자 각 가정에 우편으로 '선거 공보'가 옵니다. 후보자의 기호, 경력, 정치적 견해와 정책을 소개한 자료이지요. 차가 많이 다니는 사거리나 횡단보도 앞에는 해당 후보, 정당이 내세우는 핵심적인 내용을 담은 현수막도 걸리고요.

방송 연설과 토론은 선거 때 사람들의 시선이 집중되는 또 하나의 중요한 캠페인 무대입니다. 대선 후보들은 TV에 나와서 자신이 펼칠 정책을 소개하고, 정당과 후보 측에서 만든 광고를 방영합니다. 또 여러 후보가 한자리에 모여 서로 갑론을박하며 토론하기도 하고요. 요즘에는 책자 형태로 된 공보와 TV 방송보다는 온라인 선거운동이 더 주목받는 추세입니다.

선거운동 방식은 여러가지이지만 유권자들에게 거짓 정보를 퍼뜨리거나 경쟁자를 비방하면 안 되겠죠. 후보들 간에 불공정한 경쟁이 이뤄져서도 안 되기 때문에 엄격한 규칙이 존재합니다. 일부러 경쟁 후보와 관련된 거짓 정보를 퍼뜨린다거나 유권자들에게 식사 등을 제공하는 등 공직선거법을 위반해 선거운동을 벌였을 경우 3년 이하의 징역 또는 600만 원 이하의 벌금형을 받을 수 있어요.

#정치_캠페인 #선거_공보 #현수막 #벽보 #방송_연설 #토론 #공직선거법 #공정

정치자금

정치활동을 하려면
돈이 필요해요

선거운동 같은 정치 캠페인을 후보자 혼자서 할 수는 없죠. 후보
나 정당을 도와주는 사람들이 필요합니다. 선거를 앞두면 각 후
보자는 '캠프'라고 부르는 선거본부를 만들어서 운영해요. 선거
캠프를 운영하려면 많은 돈이 듭니다. 현수막 한 장을 내걸려 해
도 돈이 필요하잖아요. TV 시대가 열린 이후로는 방송 광고 같은
캠페인이 큰 위력을 발휘해왔고, 광고 비용이 중요해졌습니다.
인터넷 시대가 됐어도 마찬가지입니다. 각 매체에 홍보 영상을
만들어 올려야 합니다.

　선거와 각종 캠페인에 들어가는 돈은 어떻게 충당할까요? 우
선 소속 정당이 있다면 정당의 당원들이 내는 '당비'가 있습니다.
선거 때 특별히 비용을 모금해 유권자들의 도움을 받기도 하고
요. 기업이나 후원자들의 기부를 받을 수도 있습니다. 특히 미국
에서는 정치자금 모금 활동이 활발합니다.

　2024년 11월 미국에서 47대 대통령을 뽑는 선거가 치러지는

데요, 공화당의 도널드 트럼프 후보와 민주당의 카멀라 해리스 후보 진영은 가능한 많은 선거자금을 모으기 위해 치열하게 경쟁했습니다. 미국은 전 세계에서 선거비 지출이 가장 많은 나라로 꼽힙니다. 지난 2020년 대통령 선거 때에는 최소 66억 달러를 지출해 4년 전보다 3배나 증가했어요. 2024년 대선에서는 비용이 훨씬 더 늘어날 것으로 전망됩니다.

유럽에서는 미성년자 때부터 정당에서 활동할 수 있어요. 정당에 가입해서 자기 의견을 갖고 또 표현하는 법을 배우는 일은 시민으로서 아주 중요한 정치교육으로 여겨집니다. 한국은 좀 다르죠. 우선 청소년은 법정대리자, 즉 부모의 동의가 있어야만 16세부터 정당에 가입할 수 있어요. 또 정당에 가입해서 당비를 내고, 낸 만큼 정당의 정책에 목소리를 내려 하는 사람들의 숫자가 상대적으로 적습니다. 당비이든 후원금이든 내 돈을 내고 정치활동을 하는 것은 참여민주주의 원칙에 따른 행위라는 점에서 좋은 일이기 때문에 정치후원금을 내면 정부가 세금을 줄여주는 식으로 권장합니다.

여기서 주의할 점이 있어요. 돈은 정치 자체를 휘두를 수 있기 때문에 불법적으로 금전이 오가서는 안 된다는 점입니다. 부당하게 선거에 영향을 주려고 돈을 써서도 안 되고요. '누구누구 후보를 위해 쓰겠다.'라며 모금해놓고 슬그머니 다른 데에 쓰는 일도 없어야 합니다. 정치자금법을 두어 법적으로 정치자금의 모금과 사용을 엄격하게 규정하고 있어요.

한국 정치자금법에는 이런 구절이 명시되어 있어요. "정치자금은 국민의 의혹을 사는 일이 없도록 공명정대하게 운용되어야 하고, 그 회계는 공개되어야 한다." 정치자금은 반드시 자신의 이름으로 내야 하고, 한 번에 얼마 이상 돈을 낼 때는 그 내용을 투명하게 들여다볼 수 있어야 합니다. 내가 좋아하는 정치인의 후원회를 만들고 싶다 해도 법에 정해진 규정을 따라야 하고요.

여러분은 혹시 후원해주고 싶은 정치인이 있나요? 여러분이 정치인이라면 어떻게 정치자금을 모금하고 싶나요? 어떤 생각이 떠올랐는지 궁금합니다.

Q #선거운동 #캠프 #선거본부 #당비 #모금 #기부 #후원 #공명정대한_운용 #공개

금권 정치
돈이 곧 정치권력이 되다

'막걸리 선거' '고무신 선거'

막걸리와 고무신을 뽑는 것도 아니고, 도대체 무슨 말이냐고요? 여러분에게는 생소한 말이겠지요. 오래전 대한민국이 독재 정권이던 때, '막걸리 선거' '고무신 선거'라는 말이 나왔어요. 너나 없이 가난하던 시절에 집권 여당 후보들이 사람들을 시키거나 심지어는 공무원들까지 동원해서, 유권자들에게 막걸리를 사주거나 고무신 따위를 선물했어요. 그러면서 표를 찍어달라고 부탁하는 거죠. 심지어 시골 마을 사람들을 승합차에 태워 투표소까지 데려다주면서, 차 안에서 돈을 돌리는 일도 있었다지요.

물론 오래전 일들이고, 지금은 물론 당시에도 불법이었습니다. 하지만 법을 어기고 돈으로 표를 사들이지 않는 합법적인 선거운동에서도 돈은 중요한 변수가 됩니다.

정치에는 돈이 많이 들어간다고 했지요? 바꿔 생각해보면, 돈이 원래 많았거나 혹은 선거 때 돈을 많이 모은 사람들은 정치

171

를 하기에 아주 유리하겠네요.

돈 많은 사람들이 권력까지 장악한다면 어떨까요? 상상하기에 그리 어려운 일은 아닐 거예요. 돈이 곧 힘이 되는 일은 너무나 많으니까요. 이런 정치를 '금권金券 정치'라고 부릅니다. 금권 정치는 금권, 즉 재력으로 생기는 권력과 결부되어 이루어지는 정치를 의미해요. 모든 시민에게 투표권을 주는 게 아니라 재산이 어느 정도 있는 사람들에게만 투표권을 준다거나, 혹은 재산이 많은 사람에게는 1표가 아닌 여러 표를 준다면 명백한 금권 정치입니다. 실제로 과거 유럽에서는 금권 정치가 벌어졌거나 금권 정치를 제도화하자고 주장하는 사람들이 있었답니다.

오늘날 제도적으로 '돈=권력'이라고 못 박기란 상상하기 힘들어졌지요. 하지만 다른 의미에서 돈이 곧 표가 되고 권력이 되기도 합니다. 선거에 돈이 많이 들어갈수록 돈 많은 사람들에게 유리해지죠. 그렇기 때문에 국가가 나서서 정당이나 후보자들에게 어느 정도의 돈을 지원해줘야 한다고 말하는 이가 많습니다. 돈 없는 사람들이나 젊은이들, 규모가 작은 정당도 정치활동을 할 수 있게 해줘야 한다는 이유에서입니다.

🔍 #정치자금 #돈과_권력 #재력으로_유권자들의_마음을_사다 #투표권 #군소정당

로비
정책과 법안에
영향을 미치기 위한 캠페인

"농산물을 수입할 때 관세를 낮춰주면 외국산 식재료가 싸게 들어와서 우리 농업이 죽는다. 그러니 관세 장벽을 둬야 한다."

"최저임금을 높여서 저소득층의 삶을 개선해야 한다."

"아니다. 최저임금이 올라가면 기업들 부담이 커지니 저임금으로 묶어둘 필요가 있다."

"서울 강남에서 사교육을 많이 받는 학생들에게 유리해질 수 있으니 대입 수능 비중을 늘리면 안 된다."

선거가 중요한 이유는 '내가 원하는 정책'을 펼칠 후보를 뽑을 기회이기 때문입니다. 그렇지만 사실 더 중요한 부분은 내가 뽑은 후보들이 만들 정부와 의회가 추진할 정책과 법안들이에요.

단순히 개인이 한 표를 행사하는 것을 넘어서, 여러 이익집단이나 직업단체 혹은 개인이 정책과 법안에 영향력을 행사하기 위해 활발하게 정치활동하는 것이 민주주의의 특징 중 하나입니다.

자신의 주장을 효과적으로 펼칠수록 정책과 법안에도 설득력이 더 생기겠지요. 그런 활동을 가리켜 '로비'라고 부릅니다. '로비'라고 하면 뭔가 은밀하고 불법적인 활동처럼 들릴 수 있지만 정책과 법안에 영향을 미치기 위한 캠페인은 꼭 필요합니다. 다만 로비 활동은 합법적으로, 공정한 경쟁 속에서 이뤄져야 합니다.

로비는 공청회나 토론회를 열고, 주장을 담은 광고나 책자를 뿌리는 일에서 그치지 않습니다. 미국에서는 많은 로펌(법률회사)과 컨설팅회사들이 로비에 관여해요. 미국 수도 워싱턴 D.C.에 있는 K스트리트K-street는 백악관에서 북쪽으로 세 블록 떨어진 곳에 위치한 도로입니다. 동서 방향의 거리 이름에 알파벳을 붙이는 관행에 따라 K스트리트라는 이름이 붙었어요. 이곳에는 로비 회사와 로펌, 컨설팅업체, 회계법인 등이 늘어서 있어서 K스트리트를 '로비의 거리'라고 부릅니다. 또한 미국 로비 및 그 집단을 상징하는 용어로 통용하고 있습니다.

로비를 대신해주는 법률가들과 전문가들, 그리고 그들을 고용해 뒤에서 움직이는 직업단체나 이익단체들은 "우리가 반대하는 법이나 정책을 추진하면 선거 때 후원금을 내지 않겠다."라고 하면서 의원들을 압박하곤 합니다. 이 과정에서 어느덧 로비는 선거와 마찬가지로 '돈의 문제'로 돌아가게 됩니다. 돈을 많이 가진 사람들이 자기 뜻대로 의원들을 움직이기 위해 후원금을 지렛대로 이용하고, 연구소나 정치단체 따위를 만들어서 대대적인 홍보를 하지요. 그러면 시민들의 뜻도 홍보하는 쪽으로 흘러가기 쉽잖아요.

부자들 세금을 깎아주고 기업에 유리하도록 규제를 풀어주고 사회 약자들은 따돌리는 정책이 돈의 힘으로 펼쳐진다면, 이는 얼핏 보기에는 민주주의의 형태를 보이지만 실제로는 금권 정치라고 볼 수 있겠지요.

#정치활동 #효과적_설득 #캠페인 #공청회 #토론회 #K스트리트 #로비_집단 #후원금

미국 대선
선거인단이 간접적으로
대통령을 뽑아요

한국에서는 유권자들이 후보들에게 투표하지요. 미국에서는 간접선거로 대통령을 뽑아요. 대통령을 뽑는 '선거인단'이 따로 있고 일반 시민은 선거인단을 뽑습니다. 미국은 여러 주가 합쳐진 연방국가죠. 대통령 선거인단도 각 주마다 뽑아요. 전체 선거인단 수는 538명인데, 그 안에서 인구 규모에 따라 주별로 숫자를 배정해놨어요. 예를 들어 아이오와주 선거인단은 6명이고, 선거인단이 가장 많은 캘리포니아주는 55명입니다. 미국 대선에는 또다른 독특한 원칙이 있어요. 아이오와주 주민들이 57퍼센트는 민주당을, 43퍼센트는 공화당을 선택했다고 생각해보세요. 선거인단 6명을 비율로 나누는 게 아니라 6명 모두를 민주당이 차지합니다. 이를 '승자독식Winner-take-all'이라 불러요. 메인주와 네브래스카주 2곳을 제외한 모든 주에서 승자독식제를 택하고 있어요.

　미국에서는 4년마다 '11월 첫째 월요일이 있는 주의 화요일'에 대선이 실시됩니다. 정확히 말하면 '선거인단을 뽑는 날'이지만, 538명의 선거인단 중 과반인 270명 이상의 지지를 얻으면 대통령이 되기 때문에 사실상 이날이 대선일입니다. 잠깐, 선거인단에 뽑힌 사람이 자기 정당을 배신하고 다른 후보를 찍을 수도 있지 않을까요? 이론적으로는 가능하지만, 그런 일은 통 벌어지지 않습니다. 미국 대통령이 되면 4년 임기를 마친 뒤 한 차례 이어서 4년을 더 집권할 수 있어요. 그러나 세 번 연임하는 '3연임連任'은 불가능합니다. 한 번 물러났다가 몇 년 후 다시 나와서 대통령이 되는 '중임重任'은 가능하고요. 한국 대통령은 5년 임기에 한 번만 할 수 있는 단임제랍니다.

앞에서 미국 대통령 선거는 선거인단이 대통령을 선출하는 간접선거이고, 각주의 선거인단은 승자가 모두 차지하는 '승자독식' 구조라고 했지요? 그렇다면 전체 유권자 표를 더 많이 획득하고도 선거인단 수에 밀려 대선에서 패배할 수도 있을까요? 미국 역사상 그런 일이 실제로 벌어진 적이 있어요. 2016년 대선 때 전체 유권자 가운데 6,580만 명이 민주당 힐러리 클린턴 후보의 선거인단을 지지했어요. 하지만 승자독식 때문에 선거인단 총 숫자에서는 공화당이 민주당을 앞섰습니다. 그래서 공화당의 도널드 트럼프 후보는 300만 표 가까이 적게 받고도 대통령이 됐습니다. 그런 일이 미국 역사에서 5번이나 있었대요.

Q #미국 #간접선거 #선거인단 #선출 #연방국가 #승자독식 #연임 #중임 #단임 #대선

비례대표제
유권자 뜻이 쏠리지 않도록
골고루 담아내요

학급 회장이나 전교 회장을 뽑는 투표를 해본 적이 있나요? 여러 명의 후보 중 가장 많은 표를 얻은 후보가 회장으로 선출되지요. 이처럼 선거에서는 서로 경쟁하는 후보 중 가장 많이 득표한 사람이 당선되는 것이 기본이에요. 이런 방식을 좀 어려운 말로 '다수대표제'라고 합니다.

이런 제도가 언제나 유권자의 뜻을 제대로 반영하지는 못합니다. 3명 이상의 후보자가 경합해 어느 누구도 절반 이상의 표를 얻지 못한 상황에서 가장 많은 표를 얻은 사람이 당선됐다고 가정해봅시다. 이렇게 되면, 당선자가 얻은 표보다 떨어진 후보들의 표를 합친 숫자가 더 많을 수 있어요. 선거 결과가 유권자 대다수의 뜻을 반영하지 못하는 결과가 생깁니다. 이런 단점을 보완하기 위해서 나온 제도가 비례대표제입니다.

비례대표라니, 무엇에 비례하는 걸까요? 바로 '득표수'에 비례합니다. 정당의 득표율에 비례해 당선자 수를 결정하는 방식이에요. 예를 들어 전체 의원 숫자가 300명이라면, 그중 일부는 후보자를 놓고 투표해서 뽑고, 나머지 일부는 정당마다 얻은 득표율에 따라 계산하는 식이에요. 의원들을 뽑는 투표에서 2등을 많이 하는 바람에 의석을 많이 차지하지 못한 정당이 있다고 가정해봅시다. 만일 이 정당을 지지하는 사람이 30퍼센트 정도였다면, 비례대표 의석 중에서 30퍼센트에 해당하는 자리를 얻을 수 있게 됩니다.

비례대표제는 각 정당의 득표율이 의원 숫자로 직결되기 때문에 유권자들의 생각을 비교적 골고루 반영할 수 있습니다. 작은 정당들에도 의회에 진출할 기회가 생기기 때문에, 거대 정당들의 독점을 막는 장점도 있고요.

그러나 정당들이 너무 난립해도 문제가 될 수 있어요. 복잡하고 다양한 이해관계를 놓고 의회 안에서 갈등이 심해지고, 정국이 불안정해질 수도 있거든요. 이런 단점을 피하기 위해서, 기준을 정해놓고 몇 퍼센트 이상 득표한 정당에만 비례대표 의석을 배분하는 경우가 많습니다.

한국은 현재 한 선거구에서 가장 많은 표를 얻은 후보 한 명이 당선되는 소선거구제(소선구제)를 채택하고 있습니다. 그러다 보니 다양한 민심을 반영하지 못하고 지역별로 지배적인 정당이 그 지역 의석 대부분을 독점하는 현상이 이어집니다. 이를 보완하기 위해 비례대표제를 가미해서 선거 때 유권자가 후보에게 한

표를 주고 정당(비례)에도 한 표를 투표하게 되어 있답니다.

2024년 4월 10일에 실시된 의회 선거에서는 지역구 국회의원 254명을 다수대표제로 뽑았고, 비례대표제로는 46명을 선출했습니다. 선거구에 대해서는 다음 장에서 자세히 살펴볼게요.

선거구
선거를 치르는 지역 단위

'게리맨더링Gerrymandering'이라는 말을 들어본 적이 있나요?

1812년 미국 매사추세츠 주 주지사였던 엘브리지 토머스 게리(Elbridge Thomas Gerry, 1837~1927)는 자신이 속한 정당에 유리하도록 선거구를 나눴습니다. 선거구 모양이 마치 도마뱀을 닮은 상상 속 괴물 '샐러맨더Salamander'와 비슷했대요. 그래서 게리와 샐러맨더를 합친 게리맨더링이라는 말이 생겼습니다. 게리맨더링은 특정 후보자가 당선되기 쉽게 만들거나 특정 정당이 의석을 더 많이 갖도록 선거구를 나누는 일을 가리킵니다.

선거구選擧區는 선거를 치르는 지역 단위를 가리키는 용어입니다. 도시 안에 '구'라고 불리는 행정 단위가 있듯이, 대통령이나 국회의원 등 국민의 대표를 뽑기 위해 선거가 실시되는 단위가 되는 구역이 선거구입니다.

선거구 규모는 선거에 따라 달라집니다. 구의원, 시의원, 도의원, 국회의원 등 누구를 뽑느냐에 따라 단위가 바뀌니까요. 국회의원 가운데 비례대표가 아니라 다수대표제로 뽑힌 의원들은 일정한 지역 안에서 가장 많은 표를 얻은 사람들입니다. 보통 국회의원 선거구를 '지역구'라고 부르곤 하는 연유지요. 공직선거법에 따르면 국회의원 선거구는 인구, 행정구역, 지리적 여건, 교통, 생활문화권 등을 고려해서 정합니다.

선거구를 정하는 데에는 여러 방식이 있어요. 우선 앞서 비례대표제에서 살펴봤던 '소선거구제'가 있습니다. 선거구마다 의원을 한 명씩만 뽑는 방식이지요. 소선거구제에서는 지역구의 크기가 상대적으로 작고 후보의 수도 적습니다. 그래서 유권자가 후보들을 잘 알아보고 나서 투표할 수 있고, 선거 절차도 간단하다는 장점이 있어요. 하지만 자기 동네의 이익만 생각해서 뽑거나, 국가 전체의 미래보다는 그 지역 표밭에만 관심 있는 후보가 당선될 가능성이 적지 않죠. 개혁적인 젊은 후보나 정당보다 돈과 조직을 갖춘 거대 정당에 유리하기도 하고요.

'중·대선거구제'는 한 선거구에서 2명 이상의 대표자를 뽑는 제도예요. 여러 명을 뽑기 때문에 다양한 정당이 의회에 진출할 기회를 얻을 수 있습니다. 다만 선거 절차가 좀 더 복잡해지고 의회에 들어가는 정당 숫자가 많아져서 의사결정의 효율성이 떨어질 수 있다는 단점도 있습니다.

🔍 #게리맨더링 #선거_실시_단위_구역 #행정_단위 #지역구 #소선거구제 #중·대선거구제

마니페스토 운동
유권자를 홀리는
환심성 공약을 뿌리뽑자!

이번에는 선거에서 가장 중요한 유권자의 역할을 살펴볼게요. 유권자는 투표할 권리를 가진 사람으로, 선거권자라고도 해요. 유권자가 선거에서 올바른 사람을 뽑기 위해서는 어떻게 해야 할까요? 예전에는 후보들이 유권자들에게 돈이나 물건을 주는 일이 큰 문제가 되지 않던 시절이 있었어요. '같은 학교 출신'을 말하는 학연, '같은 고향 사람'을 일컫는 지연 등 개인적인 인연이 투표에 영향을 주었지요. 'TV에 많이 나와서 친숙하다.' '이미지가 좋다.' 같은 '느낌적 느낌'으로 표를 찍는 사람도 많고요. 그러나 후보들의 생각과 정책들을 꼼꼼히 살펴보고 어느 쪽이 사회에 이로울지, 어느 쪽이 내 생각과 맞는지 판단해 투표하는 것이야말로 유권자가 가져야 할 바른 태도랍니다.

　선거 때 후보자가 앞으로 행할 정책과 계획들을 유권자들에게 공식적으로 약속하는 행위를 '공약'이라고 하지요. 이를 이탈리아어로 '마니페스토Manifesto', 영어로는 '매니페스트Manifest'

라고 해요. 라틴어 '마니페스투Manifestus'에서 나온 말입니다.

한국에서는 2006년 지방선거를 계기로 후보자들의 공약이 현실적으로 가능한지 등등을 평가하는 마니페스토 운동이 시민 단체를 중심으로 활발하게 일어났어요. 후보가 과거에 어떤 언행을 보였는지 살펴보고 미래의 계획을 검증해 유권자들의 판단을 돕는 운동입니다. 선거 이후에는 당선자가 공약을 얼마나 충실히 이행했는지 따져서 다음 선거 때 성적을 공개하기도 해요. 마니페스토 운동이 가장 먼저 일어난 나라는 영국이에요. 1834년 당시 영국 보수당 당수 로버트 필(Robert Peel, 1788~1850)이 "유권자들의 환심을 사기 위한 공약은 결국 실패하기 마련이다."라며 구체화된 공약의 필요성을 강조하면서부터 시작됐습니다. 선거 때만 마니페스토를 하지는 않아요. 개인이나 단체가 정치적인 견해를 연설이나 글로 밝히는 일도 마니페스토라고 하지요. 앞에서 본 드레퓌스 사건 때 에밀 졸라가 신문에 발표한 '나는 고발한다.'라는 글도 마니페스토라고 할 수 있어요. 졸라의 글은 선거공약과 직접적으로는 상관이 없지만, 당시 프랑스 사회에 널리 퍼져있던 반유대주의, 인종차별주의를 통렬하게 비판하고 정부와 군부, 사법부의 오류를 낱낱이 드러내며 선량한 시민들의 양심을 촉구했다는 데 큰 의미가 있습니다.

🔍 #유권자 #선거공약 #후보자 #공약 #실현_가능성 #계획_검증 #평가 #환심성_공약

연방제
독립성을 가진 주들이 모여
구성한 국가

미국의 정식 명칭은 미합중국United States of America입니다. '주州, state의 연합체'라는 뜻이지요.

미국은 왜 이렇게 어려운 이름을 가지고 있냐고요? 이는 영국으로부터 독립한 과정과 밀접한 관련이 있어요. 1776년 북아메리카 대륙에 있던 영국의 13개 식민지(주)가 독립을 선언한 데 이어, 1781년 '연합 헌장Article of Confederation'을 채택했어요.

연합헌장은 영국에 맞서서 13개 주가 주권을 갖는다고 선언하면서, 주들의 연합체를 '독립, 자유, 주권을 가진 영구적인 동맹'으로 규정했습니다. 1787년에는 13개 주 대표 55명이 필라델피아에 모여 몇 달 동안 회의한 끝에 중앙정부와 주 정부가 대등한 권한을 갖는 헌법을 만들었어요. 미국처럼 국가의 권력을 중앙정부와 주 정부가 비슷하게 나눠 갖는 정치 형태를 연방제federation라고 합니다. 일반적으로 연방정부가 외교권과 군사권을 갖고 국제법상 국가로 인정받습니다.

주 정부는 하나의 작은 정부로서 독립성을 가지고 있지만 외국과 조약을 체결하거나 외교관계를 맺을 수 있는 권한은 거의 없지요.

미국 외에 연방제 국가는 어떤 나라가 있을까요? 생각보다 많습니다. 캐나다는 10개의 주Provinces와 3개의 준주準州, Territories로 이뤄진 연방제 국가입니다. 러시아연방은 공화국 22개, 주 46개, 변경주 9개, 자치구 4개, 자치주 1개, 연방시 3개로 이뤄져 있어요.

캐나다에는 노스웨스트 준주와 유콘 준주, 누나부트 준주가 있습니다. 낯선 이름들이지요? '준주'란 연방제 국가에서 주(州)로 승격하기에는 규모가 조금 애매하여 주에 미치지 못하지만 주에 비길 만한 행정구역을 말해요. 주보다는 권한이 훨씬 더 작지요. 캐나다의 각 주와 준주는 독립적인 법과 규정을 가지고 있습니다. 러시아의 변경주는 당초 중앙정부에서 멀리 떨어진 변경지방으로 간주되었으나, 현재는 주와 동격인 광역 행정구역을 말합니다. 자치구는 자치권이 공화국보다는 적고, 주보다는 많은 행정구역으로 일반적으로 소수 민족이 많이 살고 있어요. 자치주는 특별히 유대민족에게 자치권을 부여한 행정구역입니다. 연방시는 러시아를 구성하는 85개 행정구역 가운데 정치적, 역사적으로 중요한 의미를 가지며 독립적인 행정기능을 갖춘 도시를 일컫습니다. 우리나라의 서울특별시와 비슷하다고 보면 됩니다. 수도 모스크바와 상트페테르부르크, 세바스토폴이 바로 연방시예요.

독일, 브라질, 멕시코도 연방제를 채택하고 있습니다. 스위스는 면적이 작지만 오랜 지방자치 전통에 따라 연방제를 시행하고 있고 벨기에는 1993년 개헌을 해서 연방제 국가가 됐습니다. 북부와 남부 지역이 서로 언어도 다르고 오랫동안 대립해왔거든요.

연합confederation은 헌법이 아닌 조약에 따라 2개 이상의 국가가 결합한 형태를 말합니다. 연방과는 좀 다른 의미로, 국제법상 하나의 국가는 아니에요. 연합에 속한 나라들은 각자 주권을 계속 갖되, 연합 조약에 정해진 범위 안에서 함께 정책을 시행합니다. 대표적인 예가 유럽연합EU이에요.

만일 남한과 북한이 화해한다면, 어떤 형태의 정치체제를 택하는 것이 좋을까요? 이 주제에 대해 함께 생각해보면 좋겠습니다.

왕정국가
절대 권력은 국왕에게!

영국 국왕 찰스 3세는 74세에 왕위에 올랐습니다. 어머니인 엘리자베스 2세가 무려 70년이나 여왕으로 재위하다가 2022년 서거했거든요. 찰스 3세는 2023년 5월 6일 즉위했으며. 3살에 후계자로 지명되었다가 70년 만에 왕이 되었습니다.

영국처럼 국왕이 국가수반인 국가를 왕정국가 또는 군주제국가라고 합니다. 국왕이 있기는 하지만 헌법에 의해 제한된 권한만을 가지고 있는 체제를 입헌군주제라고 하고, 국왕이 실제로 권력을 쥐고 직접 통치하는 체제를 절대군주제 또는 절대왕정국가라고 부릅니다. 현재 세계에는 40여 개의 왕정국가가 있어요. 그중에서 유럽과 아시아의 왕정국가들은 대부분 입헌군주제입니다. 반면 중동과 아프리카에는 실권을 가진 군주들이 군림하는 나라들이 남아 있습니다.

"짐이 곧 국가다(L'Etat, c'est moi)."

17세기 프랑스 국왕 루이 14세가 한 말로 유명하지만, 학자들의 분석에 의하면 그가 직접 한 이야기는 아니라고 해요. 어쨌든 이 말은 '왕이 국가 그 자체'라는 생각, 국가를 한 손에 쥐고 휘두르는 왕의 권력을 상징합니다. 16~18세기 유럽에서는 왕의 권력이 최고조를 이루었으며, 이 시기를 절대주의 시대라고 합니다.

현재 대표적인 절대왕정국가로 사우디아라비아를 들 수 있습니다. 입법부, 사법부, 행정부가 있지만 모두 국왕의 지배를 받습니다. 예를 들어 우리나라 국회 격인 '슈라 위원회'에 법안을 만들고 예산안을 심의하는 권한이 있지만, 모든 법은 국왕의 이름으로 선포됩니다. 슈라 위원회의 위원도 국왕이 임명하고, 사법부를 감독하는 위원회의 위원장도 국왕이 맡아요. 행정부의 최고 수장도 당연히 국왕이며 주요 장관직은 왕족들이 맡습니다. 국민이 정치에 참여할 수 있는 유일한 기회는 2005년부터 시작된 지방의회 선거입니다. 하지만 지방의회도 국민이 뽑은 의원과 왕실이 임명한 의원들로 구성됩니다.

이웃한 오만, 아랍에미리트United Arab Emirates, UAE, 바레인, 쿠웨이트도 절대왕정국가이지요. 그중 아랍에미리트는 좀 특이해요. 아부다비, 두바이, 사르자 등 7개의 '에미리트(토후국)emirate'로 구성된 연방국가이기도 하거든요. 연방정부는 대통

🔍 #국왕 #국가수반 #군주제 #입헌군주제 #절대군주제 #절대왕정국가 #토후국 #연방국가

령제로 운영되지만 각 토후국은 절대왕정국가예요. 대통령은 아부다비 군주, 총리는 두바이 군주가 맡는 게 관례입니다. 아시아에서는 인도네시아 옆 작은 나라 브루나이가 절대왕정 체제를 이어가고 있습니다.

지난 2022년 11월, 사우디아라비아 왕위 계승 서열 1위인 모하메드 빈 살만 왕세자 겸 총리가 한국에 방문했어요. 24시간이 채 되지 않는 방한에 수행원을 200여 명이나 동행하고, 호텔 객실을 400여 개나 잡아 큰 화제가 되었습니다. 빈살만 왕세자는 사우디 국왕 살만 빈 압둘아지즈 알사우드의 7번째 아들로, 고령인 아버지를 대신해 실질적인 통치자 역할을 하고 있습니다. 그는 2017년 왕세자로 책봉된 직후 자신에 대해 비판적인 다른 왕족과 기업인 500여 명을 숙청해큰 파문을 일으켰죠. 이처럼 무소불위의 권력을 휘두르고 있다는 점에서 빈 살만왕세자를 비판적으로 보는 시선이 많습니다. 반면 종교경찰부 관련 권한을 제한하고, 여성의 운전면허 취득을 허용하는 등 여성 인권을 증진하는 정책을 취했어요. 전자상거래 시스템 도입과 인터넷을 통한 외국인 비자 신청 및 발급 허용 등을 통해 해외 관광객 유치에 나서는 등 문화적 개방과 발전도 꾀하고 있지요. 또한 '사우디 2030 비전' 계획을 통해 석유에만 의존해온 국가 경제의 다각화를 추진하고 있습니다.

입헌군주제
군림하되 통치하지 않는다

1952년부터 70년간 영국 여왕으로 재위한 엘리자베스 2세는 입헌군주의 대표격인 인물이었죠. 입헌군주제Constitutional Monarchy는 헌법을 통해 왕의 권력을 제한하는 체제입니다. 국왕의 직위는 대부분 혈통에 의해 세습돼요. 스페인 펠리페 6세, 네덜란드 빌럼 알렉산더르 국왕, 스웨덴 칼 구스타브 16세, 노르웨이 하랄드 5세 등 유럽의 국왕들은 모두 입헌군주예요. 일본 나루히토 국왕과 태국 마하 와치랄롱꼰 국왕도 마찬가지이고요.

앞서 '명예혁명'에서 살펴보았듯, 입헌군주는 국가수반으로서 총리를 임명하거나 의회를 해산해서 내각을 다시 꾸리게 할 권한, 법안을 승인하거나 거부할 권한 등 많은 법적 권한을 가집니다. 하지만 실제로는 마음대로 행사하지 않고 국민의 투표로 선출된 내각에 위임하는 것이 일반적이죠. 이를 두고 "군림하되 통치하지 않는다."라고 해요. 국왕이 내각의 동의 없이 권한을 행사하는 일은 상상하기 힘듭니다. 입헌군주제에서 군주는 많은 특권을 누리기도 합니다. 예를 들어, 막대한 재산을 가지고 있어도 세금을 내지 않아요. '왕실의 품위'를 유지하는 데 들어가는 적지 않은 비용을 정부에서 지원받습니다. 재임 중에는 법적인 처벌을 받지 않는 '면책특권'도 가져요. 세금으로 왕실을 떠받쳐야 하는 국민들이 보기에는 돈 낭비라 여겨질 수도 있지요.

그럼에도 입헌군주제를 유지하는 이유는 오랜 역사와 전통에도 의미를 두기 때문이겠죠. 국왕이 국가의 정체성을 상징하면서 자부심을 높이고 국민들을 통합하는 역할을 합니다. 국왕과 왕족은 특혜를 누리지만 책임감과 의무감으로부터 자유로울 수 없어요. 영국 등 유럽의 일부 왕족들이 불륜 스캔들이나 도를 넘는 사치 행각을 벌이면 비판이 쏟아지고, 이참에 입헌군주제를 없애고 공화국 체제로 바꾸자는 목소리가 높아져요. 그래서 국왕들도 시대에 맞춰 변화하려 노력합니다. 엘리자베스 2세는 재임 당시 왕실 재산의 수익을 정부에 주고, 그중 일부를 돌려받아 썼어요. 덴마크 여왕 마르그레테 2세는 2022년 세금을 절약하기 위해 손주 4명의 왕족 지위를 박탈해 왕실의 규모를 줄였습니다. 일부 반발도 있었지만 "변화를 잘 이겨내 평화를 찾길 바란다."라며 시원시원하게 일축했어요. 여왕은 2024년 1월 왕위를 아들 프레데릭 10세에게 자리를 물려주고 자진 퇴위했습니다.

##헌법으로_왕권을_제한 #세습 #혈통 #면책특권 #전통 #정체성 #특혜 #책임 #의무

정교분리
종교 따로 정치 따로

여러분은 종교가 있나요? 혹시 종교와 관련된 문제로 친구 혹은 가족과 말다툼해본 적은 없나요?

우리 주변에는 불교를 믿는 사람도 있고 가톨릭 신자도 있지요. 개신교회에 다니는 사람도 있고, 이슬람을 믿는 사람도 있습니다. 하지만 다른 나라들과 비교해보면 비교적 종교로 인한 갈등은 적은 편입니다. 한국의 헌법은 '모든 국민은 종교의 자유를 가진다.'라고 밝히고 있어요. 여기에 한 문장이 더 붙어 있습니다. '국교는 인정되지 않으며 종교와 정치는 분리된다.'

'국교國敎'는 그 나라의 공식 종교예요. 국민 전체는 아니더라도 대다수가 믿는 종교, 국가적 정체성의 하나로 공식적으로 인정하는 종교를 말하죠. 예를 들면 입헌군주국인 말레이시아는 국민 절반 이상이 이슬람 신자이고, 이슬람을 국교로 명시하고 있어요. 미얀마, 스리랑카, 캄보디아, 부탄은 불교가 국교입니다. 바티칸 시국은 가톨릭이 국교이고요. 그리스는 그리스 정교회, 덴

194

마크는 루터교의 일종인 덴마크 교회를 국교로 삼고 있어요. 성공회는 영국 전체가 아니라 잉글랜드 지역의 국교로, 정식명칭은 잉글랜드 국교회입니다.

반면 한국처럼 국교가 없거나, 혹은 몇몇 종교를 공식적으로 인정하더라도 국가가 종교 문제에서 중립을 지키는 나라들이 있습니다. 종교는 종교로서만 존재할 뿐 정치와는 합쳐지지 않는 거예요. 이를 정교분리政教分離라고 해요. 정치의 '정'과 종교의 '교'를 따서 만든 용어입니다. 무슨 종교를 믿을지는 개인의 자유이지만, 공직자가 되어서 자기 종교의 색채를 드러내면서 일에 관련지어서는 안 되겠지요. 공정하게 재판해야 하는 판사가 자기 종교의 교리에 따라 판결을 내려서도 안 되고요. 반대로 정치권력과 종교가 분리되지 않고 집중되어 있다면 정교일치라고 합니다.

서구 국가들은 대개 기독교라는 공통의 토대를 가지고 있어요. 근대 시기에 '계몽'을 거치면서, 종교를 넘어선 과학적이고 합리적인 시각으로 세계를 보게 됐고요. 국가는 평화와 번영을 위해서 신이 아니라 사람들이 운영하는 것임을 인식하고, 정치와 종교를 분리하는 흐름이 자리잡았습니다.

대다수의 민주국가는 헌법에 정교분리를 못박아두고 있어요. 프랑스는 인권선언과 헌법으로 신앙의 자유를 보장한 것으로도 모자라, 1905년에는 '정교분리법'까지 만들었답니다. 2004년에는 기독교의 상징인 대형 십자가, 이슬람 여성들의 스카프 '히잡', 유대교 남성의 전통 모자인 '키파'를 공공기관이나 학교에서 착용하는 것을 금지하는 법까지 만들었어요. 이런 조치가 종교의 자유를 보장하는 헌법을 오히려 위반하는 게 아니냐는 논란도 있었답니다. 여러분은 어떻게 생각하시나요?

이슬람 신정
알라의 가르침과
코란이 곧 법이다

'이란에서 히잡을 쓰지 않은 여성이 종교경찰에 붙잡혀 갔다가 살해됐다.'

2022년 세계를 뜨겁게 달군 뉴스였습니다. 히잡은 아랍권의 이슬람 여성이 머리에 쓰는 수건을 말합니다. 대체 머릿수건이 뭐라고 사람의 생명까지 빼앗는 걸까요?

이란에서 왜 이런 일이 벌어졌는지 알기 위해서는 종교적인 배경을 살펴보아야 합니다. 이란의 국교는 이슬람교예요. 무려 98퍼센트의 국민이 무슬림입니다. 이슬람은 전 세계에 19억 명의 신자를 가진 거대 종교입니다. 세계 인구 4명 중 1명이 이 종교를 믿는 셈이네요.

국민의 다수가 기독교이거나 혹은 이슬람 신자이더라도 정치와 종교가 분리되어 있는 경우, 혹은 분리돼야 한다는 믿음을 가리켜 '세속주의'라고 부릅니다. 이슬람 국가 중에도 그런 나라들이 대부분이에요. 하지만 몇몇 나라는 이슬람을 '국교'로 규정하고 있을 뿐 아니라, 이슬람 종교 지도자가 국가의 최고 권력을 쥐고 있습니다. 또 법률을 만들거나 재판에 적용할 때에도 종교 교리를 바탕으로 삼습니다. 이렇게 이슬람의 가르침을 모든 판단의 기준으로 하는 개념이 이슬람 신정神政이에요.

유일신 '알라'를 믿는 이슬람교는 610년 '예언자' 무함마드 (570~632)에 의해 창시됐어요. 무함마드는 알라의 메시지를 전하면서 동시에 거대한 이슬람 제국을 만들었지요. 이슬람은 유대교나 기독교와 뿌리는 같지만, 앞서서 생겨난 그 두 종교와는 달리 세상을 다스리는 정치 원리, 혹은 법 체계의 성격이 강해요. 이슬람의 여러 교파는 '법학파'라 불리고, 이슬람 성직자들은 사제라기보다는 재판관에 가까워요. 이런 요인들이 신정의 기반이 됐다고 볼 수 있어요.

대표적인 신정국가는 이란이에요. 이란은 1970년대 말까지만 해도 이슬람권에서 가장 서구화된 국가였어요. 미국과 친했던 왕실이 심하게 부패하고 인권을 탄압하자 국민들이 들고 일어났어요. 혁명을 이끈 이슬람 지도자 루홀라 호메이니(Ruhollah Musavi Khomeini, 1902~1989)와 그를 따르는 사람들은 왕정을 무너뜨리고 이슬람공화국을 세웠습니다.

이슬람은 원래 정치와 종교가 분리되지 않은 것처럼 생각하기 쉽지만, 현대 이슬람의 역사에서 성직자가 통치하는 나라가 생긴 경우는 이란이 처음이었습니다. 사우디아라비아나 카타

르 같은 왕국들은 이슬람 국가이지만 왕실이 따로 있거든요. 이란에도 4년마다 국민이 직접 뽑는 대통령이 있지만 실제로 가장 큰 권력을 가진 사람은 성직자인 최고지도자입니다. 1대 최고지도자는 호메이니였고, 그 뒤를 이은 알리 하메네이(Ali Khamenei, 1939~)가 1989년부터 지금까지 군림하고 있어요. 하메네이는 실질적 국가원수이자 군통수권자이고, 사법부와 입법부, 행정부의 상징적인 수장도 겸합니다.

2021년 8월 탈레반이 정권을 잡은 아프가니스탄은 이란보다 더 심한 신정을 추구합니다. 근대적인 법이 아니라 이슬람의 종교법인 '샤리아Shariah'를 내세우면서 극도로 억압적인 통치를 하고 있지요.

관료주의

강약약강!
조직이 우선인 형식주의

신조어 '강약약강'은 '강한 자에게는 약하고 약한 상대에게는 강하다.'를 의미합니다. "관료주의 때문에 일이 안 돌아간다."라거나 "일하는 방식이 너무 관료적이다."는 강약약강을 보여주는 독특한 행동 양식입니다. 필요할 때 유연하게 처리하지 못하고 융통성 없이 형식에 얽매이거나, 직책이나 권위를 내세워 일이 복잡하게 꼬이게 만드는 상황을 꼬집을 때 관료주의라는 말을 씁니다. 영어로는 '뷰러크래시bureaucracy'라고 해요. 프랑스어로 책상을 가리키는 '뷔로bureau'에, '통치' '지배'라는 뜻의 '크래시-cracy'가 합쳐진 말이에요. 18세기에 프랑스 관료들이 서민들의 일상에서 벌어지는 문제들을 외면한 채 책상에 앉아 펜대만 굴리는 것을 빈정대는 말로 쓰이기 시작했습니다.

'관료'는 뭘까요? 국가의 운영과 정책에 관여하는 전문적인 공무원, 특히 높은 자리에 있는 공직자를 관료라고 부릅니다. 일종의 행정 전문가이지요. 원래 의미만 보면 나쁜 뜻이 아닙니다.

'관료제'는 거대하고 복잡한 국가 조직을 효율적으로 움직이기 위해 만들어진 제도예요. 어느 순간 만들어졌다기보다는 인류 역사에서 국가라는 형태가 등장하면서부터 관료가 나타나기 시작했습니다. 정부뿐 아니라 정당, 기업, 군대 등 규모가 큰 모든 조직에는 관료제와 비슷한 행정 시스템이 있지요. 그런데도 '관료적' '관료주의'라는 말에는 부정적인 의미가 담겨 있어요. 관료들이 획일적으로 일을 처리하는 태도를 의미하거든요. 시민의 이익보다는 조직의 이익을 앞세우고 형식주의, 경직성, 비능률, '문제가 생기지 않는 것이 최고'라고 여기는 무사안일주의 등으로 나타나기도 해요. 윗사람 말에 일단 따르고 보는 '상명하복上命下服'도 관료주의의 특징이지요.

조직이 굴러가려면 명령 체계가 필요합니다. 하지만 지나치면 창의성과 혁신이 사라지죠. 새로운 방식이나 모험이 불가능해집니다. 그러다 보면 조직 관리에만 치중하게 되고 구성원들은 자유롭게 일하기 힘들어져요.

관료주의의 단점을 보완하기 위해 요즘에는 나라마다 여러 아이디어를 동원하고 있습니다. 정부 조직을 줄이고, 전문성을 가진 외부 사람들에게도 회사의 문을 열어 채용하는 '개방임용제' 등을 시행하는 것도 그 일환입니다.

Q #공직자 #관료제 #효율성 #획일적_처리 #형식주의 #무사안일주의 #경직성 #개방임용제

권위주의
권위를 내세워
국민을 억압하다

'권위'의 사전적인 뜻은 '남을 지휘하거나 통솔하여 따르게 하는 힘'입니다. 권위는 집단 안에서 대다수의 인정을 받으면서 자연스럽게 생길 수도 있고, 전통이나 혈통으로 여러 세대를 거쳐 이어져 내려올 수도 있어요. 그 자체로는 나쁜 말이 아니지요.

'권위'와 '권력'은 사람들을 복종시키는 힘이라는 점에서는 공통되지만 다소 다른 의미를 지닙니다. 권위가 형성된 다음 이를 토대로 권력을 행사할 수도 있으나 권력을 먼저 가진 다음 인위적으로 권위를 만들어내는 경우도 있지요.

권위주의Authoritarianism는 일을 할 때 권위를 내세우며 상대가 권위에 순종하기를 요구하는 태도를 가리킵니다. 선생님과 학생들의 말에 귀 기울이지 않는 교장선생님을 두고 "교장선생님이 너무 권위적이야."라고 할 수 있지요. 정치 용어로 쓰일 때는 여기에 특별한 의미가 붙습니다. 지도자 개인이나 소수 집단이 의회와 국민을 무시하고 지배권을 행사하는 체제를 뜻하지요.

권위주의라는 용어는 스페인 출신 정치학자 호안 린스가 만든 말이에요. 1936년부터 1975년까지 스페인을 통치했던 프란시스 프랑코 독재정권 체제를 설명하기 위해 권위주의라는 말을 만들었다고 합니다. 형식적으론 민주적인 의회제도를 운영하지만, 실제로는 카리스마적 독재자나 일부 집단이 독재로써 의회나 국민을 무시하고 권력을 행사하는 정치체제나 국가를 뜻합니다.

권위주의 국가는 사회를 안정시킨다면서 언론의 자유를 비롯해 시민들의 자유와 정치참여를 억누르고, 선거 제도에도 영향력을 행사해 정권을 유지하는 경향이 있어요. 겉보기에는 선거로 집권했지만 법을 바꿔서 사실상 죽을 때까지 집권할 길을 연 러시아의 블라디미르 푸틴(Vladimir Putin, 1952~) 대통령은 권위주의 지도자로 분류됩니다. 자신에게 반대하는 사람이나 단체는 모두 '서방의 스파이'로 몰아 가두죠.

중국은 시진핑(習近平, 1953~) 국가주석이 장기 집권할 수 있도록 틀을 만들고 국민이 정치적인 표현조차 하지 못하게 가로막고 있지요. 중국을 권위주의 체제라고 불러요. 특히 2022년에 시 주석이 3번째로 연임을 하게 되면서 권위주의가 더 강해졌다는 지적이 나옵니다.

앞에서 나치의 통치나 파시즘을 설명하면서 전체주의에 대해 이야기했지요. 북한은 권위주의와 집단주의가 합쳐진 전체주의 국가라고들 합니다. 권위주의는 전체주의에 비해 독재의 강도가 약할 때 쓰이는 말이지만, 민주주의를 억압하고 인권을 탄압한다는 점은 같습니다.

　권위 또는 권위주의에 맞서려면 큰 용기가 필요합니다. 한국 민주화 투쟁의 역사도 권위주의와의 싸움이었어요. 올바른 권위는 존중받지만, 힘과 지위만 내세우며 억누르는 그릇된 권위주의는 국민의 저항을 받을 수밖에 없습니다.

Q　#권위와_권력 #순종 #지배권_행사 #독재 #푸틴 #시진핑 #인권_탄압 #국민의_저항 #자유

매스미디어
급변하는 대중매체
가짜를 가릴 줄 알아야 해요

'매스미디어의 홍수'라는 말을 들어본 적이 있나요? 매스mass는 '불특정 다수', 즉 대중을 의미하고 미디어media는 '어떤 작용을 한쪽에서 다른 한쪽으로 전달하는 역할을 하는 것', 매체를 뜻해요. 줄여서 '대중매체'라고 하며 텔레비전, 라디오, 신문, 잡지 등이 대표적입니다.

인터넷과 소셜미디어SNS는 어떨까요? 인스타그램, 틱톡, 페이스북, 트위터……. 아마 여러분도 이 중에서 하나 이상의 서비스를 가입해서 이용하고 있을 거예요. 이런 것들은 '뉴스'를 전해 주는 '미디어'라기보다는 사람들이 서로 소통하는 플랫폼 성격이 강합니다. 대중에게 어떤 내용을 전달한다는 점에서는 미디어라고 볼 수 있지만 신문사나 방송사가 일방적으로 수많은 이에게 정보를 공급하는 것이 아니라 각자 선택해서 정보를 얻는다는 점이 좀 다르죠. 혼자 운영하는 '1인 미디어'나 회사에 소속되지 않은 개인 유튜버처럼 원하는 사람 누구나 콘텐츠를 만들어 전달할 수 있다는 것도 다르고요. 또 매스미디어는 공급자에게서 소비자에게로 '한 방향'으로만 움직이지만, 소셜미디어는 소통과 피드백을 통해 만들어지는 '쌍방향 미디어'입니다. 지금은 방송이나 신문도 디지털 세상이 되면서 뉴스 소비자들과 소통을 늘리고 있고, 소셜미디어의 영향력이 예전의 대중매체들만큼이나 커졌지만요.

미디어의 역사는 인류의 역사와 함께 발전해왔다고 할 수 있습니다. 오래전에는 나무나 대나무를 얇게 자른 목판을 이어서 그 위에 글을 써 소식을 알렸고, 종이가 발명된 뒤로는 책을 통해 지식과 정보를 전파할 수 있게 됐지요. 하지만 우리에게 익숙한 미디어의 역사는 독일 인쇄업자 구텐베르크의 금속활자 때부터 시작됐다고 볼 수 있습니다. 시민들의 지식과 의식을 일깨운 활자의 시대에 이어서 20세기에는 영화, 라디오, 텔레비전이 발명되면서 매스미디어의 전성기가 펼쳐졌습니다.

미디어는 권력을 감시하고, 여론을 형성한다는 점에서 민주주의에 필수적이에요. 입법, 사법, 행정부에 비견할 만한 큰 영향력을 가진다는 의미에서 '제4의 권력'으로 불리기도 합니다. 그러나 권위주의 국가나 독재국가에서는 국민들의 머릿속까지 통제하는 수단으로 이용되기도 해요. 또한 정보기술이 발전한 21세

Q ‖대중매체 ‖SNS ‖플랫폼 ‖콘텐츠 ‖쌍방향_미디어 ‖권력_감시 ‖여론_형성 ‖가짜뉴스

기에는 가짜 정보가 매우 쉽게 유통될 수 있기 때문에 미디어의 정확성을 따져보는 태도가 요구됩니다.

진짜와 가짜를 구분하기 어려운 콘텐츠를 접했을 때 우리는 어떤 태도를 취해야 할까요? 우선 내가 보고 들은 것을 의심하고 확인하는 태도가 필요합니다. 뭔가 이상하다거나 확실치 않다고 생각된다면 다른 매체의 뉴스를 확인한다거나, 검색해서 살펴보는 자세가 중요합니다. 물론 가짜뉴스가 워낙 감쪽같기 때문에 처음부터 의심하기는 쉽지 않아요. 그럴수록 우리는 정보의 홍수 속에서 진짜를 가려내는 능력을 키워야 합니다.

지난 2023년 6월 미국 국방부(펜타곤)로 보이는 건물 옆에서 시커먼 연기와 불길이 치솟는 '가짜 사진'이 유포되면서 뉴욕 증시가 요동치는 대혼란이 발생했습니다. 미 국방부가 마치 공격받은 듯한 모습을 담은 사진이 순식간에 소셜미디어를 통해 유포된 결과였습니다. 하지만 이 사진은 진짜와 가짜를 구분하기 힘든 '딥 페이크' 기술로 조작한 것이었습니다. 인공지능을 이용해 얼굴 생김새나 음성 등을 실제처럼 조작한 영상은 할리우드 유명 배우뿐만 아니라 국가지도자, 정치인, 정부 조직 등 대상을 가리지 않고 생산되고 있어요. 조 바이든 미 대통령의 목소리를 도용해 마치 트랜스젠더 혐오 발언을 한 것처럼 꾸며낸 영상이 퍼졌는가 하면, 볼로디미르 젤렌스키 우크라이나 대통령이 러시아에 항복을 선언하는 듯한 가짜 영상이 나돌기도 했습니다.

검열
표현의 자유에 대한
공권력의 억압

"중국은 검열이 심하고 구글 검색도 안 된대."

"태국에서는 국왕을 비판하는 뉴스들은 다 검열해서 막는다던데?"

BTS를 비롯한 한국 아티스트의 노래와 영화, 드라마에 전 세계 사람들이 열광하는 걸 보면 은근히 신이 나지요. 그러나 한때는 한국에서도 노래와 영화, 시나 소설을 발표하려면 무조건 정부의 허가를 받아야 했던 적이 있어요. 당시에는 한참 인기를 끌던 노래가 어느날 갑자기 '금지곡'이 돼서 방송에서 사라지는 일도 흔했답니다.

정부나 검찰 등 공권력이 문화 작품의 내용이나 표현을 미리 검사해서 대중들에게 공개해도 좋을지 말지를 결정하는 일을 '검열'이라고 해요. 신문, 잡지, 책, 방송, 영화, 인터넷 등 모든 매체가 검열 대상이 될 수 있어요. 그림이나 시, 노래 같은 예술작품도요. 먼저 심의해서 발표해도 좋을지 말지 결정하는 '사전 검열'도 있고, 이미 발표된 뒤인데도 '법에 위반된다.' '사회 통념상 문제가 있다.'라며 사람들이 해당 매체와 작품을 접하지 못하게 막는 경우도 있어요.

검열은 표현의 자유를 억압하고, 기본적인 시민권을 해칩니다. 따라서 국제 규약상 해서는 안 되는 행위입니다. 그런 짓을 하는 국가는 대체로 독재국가, 권위주의 정부이겠죠. 검열을 하면서 권력자나 국가는 "국가의 안전을 해친다." "사회 질서를 무너뜨린다." "선량한 풍속에 위배된다."라는 이유를 듭니다. 하지만 정권을 비판하거나 새로운 사상을 퍼뜨리고 사회 문제를 지적하지 못하게 하기 위해서일 때가 많죠.

일제강점기 때는 신문을 비롯해 모든 간행물을 식민 통치 당국이 강력하게 검열했어요. 1960~1980년대 군사정권 시절에는 비슷한 상황이 이어졌습니다. 신문과 방송, 문학을 검열하는 것은 물론이고 음반사나 영화사, 출판사를 통제하는 법을 만들어 사전 검열을 했던 거죠. 심지어 민주화 이후인 2000년대까지도 정권에 비판적인 문화예술인들 명단을 만들어 활동을 방해하는 '블랙리스트 파문'이 일어났습니다.

러시아나 중국의 검열은 악명 높습니다. 중국에서는 민주화

Q   #심의 #금지곡 #표현의_자유_억압 #독재국가 #권위주의_정부 #비판 #사상 #블랙리스트

시위에 대한 소식은 검색조차 안 되고, 외국 소셜미디어조차 사용하기 힘들다지요. 실제로 중국은 광범위한 검열을 행하는 것으로 알려져 있습니다. 2024년 7월부터는 내·외국인 구분 없이 휴대전화와 노트북 등 전자기기에 대한 불심검문도 시행되고 있어요. 경찰관 2명이 동의하면 개인의 채팅 기록과 이메일을 수집할 수 있는데, 이 역시 검열의 일종입니다. 그러나 검열로 사람들을 영원히 통제할 수는 없다는 것을 역사가 보여주고 있습니다.

2023년 부산국제영화제에서 '올해의 아시아 영화인상'을 수상한 홍콩 배우 저우룬파(周潤發, 1955~)가 기자회견 중 폭탄 발언을 했습니다. "지금 우리에겐 제약이 매우 많다. (당국의 제약을 따르지 않으면) 이야기를 만들고 영화를 촬영할 모든 재원을 마련하기가 무척 어렵다. 영화 제작자들이 어려운 상황이지만, 홍콩의 영혼이 담긴 영화를 만들기 위해 최선을 다하겠다." 한마디로, 중국 정부의 검열 등 온갖 제약으로 인해 홍콩 영화계가 죽어가고 있다는 겁니다. 이 발언이 전해지자 중국 온라인상에서 찬반 논란이 뜨거웠습니다. 저우룬파는 원래 중국의 통합성을 무너뜨리는 홍콩 독립 지지파이기 때문에 저런 말을 하는 것이란 비판이 나왔는가 하면, 중국 정부의 검열로 인해 국민의 기본권이 심각하게 억압당하고 있다며 저우룬파를 지지하는 사람들도 있었지요. 일각에선 저우룬파가 당국에 체포되는 게 아니냐며, 그의 안전을 걱정했습니다.

회전문 인사
이 자리 저 자리로
인재 돌려쓰기

빌딩 입구에서 빙글빙글 돌아가는 회전문. 사람들이 들어왔다 나 갔다 하지만 회전문은 제자리에서 돌고 있지요. 회전문처럼 한 사람이 이 자리 저 자리로 옮겨다니면서 계속 기용되는 것을 '회 전문 인사'라고 합니다. 정부에서 중책을 맡았던 사람이 공직에 서 물러난 이후에 자기가 일했던 분야의 민간기업으로 옮겨 가 기업의 임원으로 일하다가, 정권이 바뀌어 자신과 가까운 성향의 정당이 집권하면 다시 정부에 들어가 고위 공직자가 되는 경우도 있습니다. 이는 전형적인 회전문 인사입니다. 한 사람을 이 자리 저 자리 계속 기용하다 보니 '돌려막기 인사'라는 표현도 있지요.

경험이 풍부한 사람을 불러서 다시 정부 일에 쓰는 게 반드 시 나쁜 일은 아닙니다. 전문성 있는 사람이 민간 기업에서 일하 다가 공직을 맡으면 관료주의를 깨고 분위기를 혁신하는 데에 보 탬이 될 수도 있고요. 하지만 정부와 기업은 목적 자체가 다릅니 다. 정부는 국가와 시민의 이익을 위해 일하는 조직이지만 기업은 이윤을 위해 움직이는 조직이죠. 예를 들어 석유회사에서 일하던 사람이 에너지 분야의 공직을 맡는다고 생각해보세요. 친환경 재생에너지로 가기보다는 자신에게 익숙하거나 옛 직장에 이익이 되는 화석연료 중심의 에너지 정책을 주장할 수 있겠지요. 정부 인사들과 기업이 밀착되는 '정경유착'과 부정부패가 생길 가능성도 있습니다. 회전문 인사가 계속되면 새로운 시각과 능력을 갖춘 인재를 발탁하거나 키우기 힘들다는 문제도 있고요.

미국은 2002년에 이라크를 침공했습니다. 당시 부통령과 국방 장관을 비롯해 정부 고위 인사 상당수가 석유회사나 무기회사를 거쳐온 사람들이었어요. 예를 들어 딕 체니 당시 부통령은 석유회사이자 석유 시설 보안회사인 핼리버튼에서 최고경영자로 여러 해 일했습니다. 핼리버튼은 이라크 전쟁 기간동안 다양한 정부 사업을 수주해 막대한 돈을 벌었어요. 그 후에 집권한 버락 오바마 대통령은 2009년 '정부 공무원의 윤리강령'을 만들었어요. 고위 관료가 정부를 상대로 로비하는 회사에 가거나, 혹은 그런 곳에서 일한 사람이 정부 관료가 되려면 일정한 기간이 지나야 하도록 제한했지요. 한국도 '공직자윤리법'을 만들어서, 고위 공무원은 정부에서 물러난 뒤에도 3년 동안은 대형 법률회사 같은 곳으로 가지 못하게 제한하고 있습니다.

#돌려막기_인사 #정경유착 #부정부패 #공직자윤리법 #정부와_기업 #국가와_시민 #이윤

투명성
부정부패를 막기 위한
민주주의 기본 원칙

"국민의 알 권리를 보장하고 국정에 대한 국민의 참여와 국정 운영의 투명성을 확보함을 목적으로 한다."

'공공기관의 정보공개에 관한 법률' 제1장 1조에 적혀 있는 말입니다.

민주국가에서 치러지는 선거가 의미를 지니려면 제대로 된 정보들을 충분히 살펴보고 유권자들이 선택할 수 있어야 한다고 했지요. 정부가 하는 일을 시민들이 언제라도 정확히 알 수 있어야 해요. 정부의 투명성은 부정부패를 막기 위해서도 중요하지만 민주주의의 기본이기도 합니다.

정부를 두고 '투명하다.' '불투명하다.'라고 말하는 기준은 뭘까요? 유리병도 아닌데 말입니다. 정부 투명성의 핵심은 정보를 꼭꼭 감춰두는 것이 아니라 시민들이 들여다보고 문제점을 파악할 수 있도록 열어놓는 개방성에 있습니다. 많은 국가가 국민이 정부의 정보에 접근할 수 있도록 '접근권'을 보장합니다. 우리나라의 정보공개법도 그래서 만들어졌어요.

그렇다면 정부가 어느 정도 투명해야 '투명성이 높다.'라고 할 수 있는 걸까요? 세계 각국의 정부들이 얼마나 투명한지 여러 지표를 놓고 측정하는 기구가 있습니다. 독일 베를린에 본부를 둔 국제투명성기구Transparency International는 1995년부터 세계 각국의 투명성을 평가해 매년 순위를 발표해요. 유엔에 소속된 세계은행을 비롯한 13개 국제기관이 각국의 전문가와 기업인들을 상대로 자신이 속한 나라의 정부가 얼마나 청렴한지 조사합니다. 정부가 투명하게 예산을 집행하는지, 뇌물죄를 엄격하게 처벌하는지, 사법부는 독립성을 가지고 있으며 언론 자유는 보장되는지, 국가 간 교역에는 열려 있는지 등등을 평가합니다. 투명성기구는 평가한 내용을 종합하여 부패인식지수Corruption Perceptions Index, 흔히 '투명성 지수Transparency Index'라고 부르는 점수를 만듭니다. 점수가 높을수록 청렴하다는 의미예요. 한국은 2022년 100점 만점에 63점으로 180개 국가 중 31위를 기록했어요. 덴마크가 90점으로 1위, 핀란드·뉴질랜드가 87점으로 공동 2위를 차지했습니다.

덴마크는 사법부와 입법부에 대한 국민의 신뢰가 매우 높습니다. 국가가 모든 과정을 투명하게 공개하고 공정하게 사안을 처리하고 있다고 믿기 때문이지요. 예를 들어 덴마크 국회에는 국회의원을 위한 의전차량이나 주차구역이 따로 존재하지 않아요. 대부분의 국회의원들은 자전거를 타고 출퇴근합니다. 허례허식과 권위를 버리다 보니 투명한 정치를 할 수밖에 없는 듯합니다. 검찰과 경찰이 상하관계가 아니라 협력관계여서, 어느 한 쪽이 권력을 내세워 부패행위를 저지르기 어려운 구조라는 지적도 있습니다. 또 사법부가 철저한 독립성을 지니고 있어서 혹시나 공직 비리가 생겼을 경우 엄격한 처벌이 가해진다고 해요. 이런 점들이 바로 덴마크가 세계 최고의 청렴 국가가 된 비결이라고 하겠습니다.

Q   #정부 #정보공개 #국민의_알_권리 #개방성 #접근권 #청렴도 #국민의_신뢰 #협력관계

쿠데타
무력으로 정부를 차지하려는
불법적인 정치 변동

"쿠데타가 일어났다!" 간혹 듣게 되는 뉴스입니다. '쿠데타Coup d'État'는 프랑스어예요. 글자 그대로 옮기면 '국가État의de 타격coup'이라는 뜻이지요. 줄여서 '쿠coup'라고 표현하기도 해요. 2021년 2월 1일, 미얀마에서 군부가 쿠데타를 일으켜 정권을 장악했어요. 아웅산 수찌(Aung San Suu Kyi, 1945~) 고문이 이끄는 집권당 국민민주연맹NLD이 2020년 11월 총선에서 압승한 지약 석 달만이었지요.

우리말로 쿠데타를 '정변' 또는 '군사 정변'이라고 합니다. 힘없는 백성, 가진 것 없는 사람들이 저항해서 나라를 뒤집으면 반란이 되고 혁명이 되지요. 쿠데타는 좀 달라요. 지배층에 속해 있거나 군대처럼 국가의 기구에서 복무하던 세력이, 특히 무기를 들고 정권을 뒤집거나 불법적으로 통치권을 장악하려 하는 일을 쿠데타라고 불러요. 무력을 동원하기 쉬운 조직이 바로 군대이기 때문에 쿠데타 세력은 군부일 때가 많습니다.

정권을 잡고 있는 세력이 권력을 더 강화하기 위해서 체제를 뒤엎을 때도 있어요. 이런 경우에는 '친위 쿠데타'라고 부릅니다. 조직 내에서 누군가가 그 전까지의 관행이나 질서를 무너뜨릴 때 비유적으로 쿠데타란 표현을 쓰는 경우도 있습니다.

나폴레옹 보나파르트(Napoléon Bonaparte, 1769~1821)는 프랑스 혁명기에 탁월한 군사능력으로 영토를 늘린 사람이죠. 나폴레옹은 1799년 11월 9일 군대를 일으켜 정권을 잡았어요. 정부를 무너뜨리고 5년 뒤에는 나폴레옹 1세로 즉위해 황제가 됐습니다. 역사학자들은 이를 서양 근대 역사상 최초의 쿠데타로 보기도 해요.

혁명은 다른 개념입니다. 지배를 받던 사람들이 일어나 기존 권력 구조를 무너뜨릴 뿐만 아니라 정치, 경제, 사회, 문화 등 모든 분야에서 급격하게 근본적인 변화를 일으키는 것을 말합니다.

한국 현대사에는 쿠데타가 두 차례 있었습니다. 1961년 육군 소장 박정희가 일으킨 '5·16 쿠데타'와 1979년 전두환 보안사령관에 의한 '12·12 쿠데타'입니다. 그들은 모두 '혁명'이라고 주장했지만 역사는 '5·16 군사 정변'과 '12·12 군사 반란'으로 평가하고 있습니다.

Q #군부 #군사_정변 #통치권_장악 #무력_동원 #군부 #근본적인_변화 #혁명과는_달라요

군부독재
군이 정치권력을
독점하는 체제

군부가 쿠데타를 일으켜 정권을 잡으면 주역인 군 지휘관이 최고 권력자가 되고, 쿠데타를 함께 일으킨 장교들은 국가의 중요한 직위를 차지합니다. 이처럼 군인들이 정치권력을 독점하고 국가를 지배하는 일을 군부독재라고 합니다. 그 정부는 군사정권, 군부정권, 군사독재정권이라고 하고요. 2021년에만 해도 미얀마뿐만 아니라 아프리카의 기니, 차드, 말리, 수단에 군사독재정부가 들어섰습니다.

군부독재의 반대말은 뭘까요? 민간인이 이끄는 정부, 민정民政이에요. 국민이 뽑지 않은 군인들이 국가를 통치하면 국민은 당연히 반발하겠지요. 군사정권은 강압적인 수단을 써서 국민을 억압하고요. 강압만으로는 모자라, 쿠데타를 일으킨 주역이 군복을 벗고 민간인 신분으로 형식적인 선거를 치르는 경우가 많습니다. 이제는 군인이 아니라며 대선에 출마해 대통령으로 당선되는 거죠. 이런 과정으로 출범한 정부를 그들은 '민정'이라고 주장하지만, 쿠데타 세력이 야당을 탄압하고 언론의 자유를 막고 때로는 부정선거까지 저지르면서 계속 집권하는 경우가 많아요. 실질적으로는 군부독재의 연장인 셈이지요. 허울뿐인 민간인 출신 인물을 내세워 막후에서 권력을 휘두르는 경우도 있습니다.

외국에서는 군사독재정권을 '훈타junta'라고 불러요. 스페인어로 '위원회' '모임'이라는 뜻이며, 원래는 19세기 초반 프랑스 나폴레옹 군대의 침공을 받은 스페인에서 많이 쓰였던 말입니다.

과거에 스페인이 식민 통치를 했고 지금도 스페인어를 널리 사용하는 아르헨티나와 칠레, 과테말라 등 라틴아메리카(중남미) 국가들에서 20세기에 쿠데타가 이어졌어요. 권력을 잡은 군부가 스스로 '훈타'라고 부르면서 군사독재정권을 가리키는 말로 굳어졌어요. 한국에서는 쿠데타로 권력을 잡은 박정희, 전두환의 군사독재정권이 있었습니다. 전두환 정권 시절의 '제5공화국'을 '신新군부 정권' '신군부 독재'라고 부르기도 합니다. 김영삼 정부는 군인 출신이 아닌 일반 국민이 수립한 정부라는 의미로 '문민정부'라 불려요. 문민정부 때인 1995년, 역사바로세우기 작업을 통해 1979년 12·12 군사 반란(쿠데타)과 1980년 5·18 광주민주화운동에 관련된 재판이 열렸어요. 이를 통해 전두환과 노태우 등 신군부 핵심 인사들이 유죄판결을 받았습니다.

Q   #강압 #억압 #민간인 #민정 #야당_탄압 #부정선거 #군부독재의_연장 #훈타 #신군부

장기 집권
시간에 따라 점차
부패와 독재로 가는 길

쿠데타 같은 불법적인 수단으로 권력을 잡은 사람은 국민의 지지 속에 집권한 것이 아니기 때문에 당연히 국민들의 저항에 부딪치게 됩니다. 몇 년에 한 번씩 선거를 치르고 정당과 정치인들이 경쟁해야 하는데, 민주적인 선거를 치르면 쿠데타 세력은 바로 정권을 잃게 되겠지요. 정상적인 국가에서라면 쿠데타를 일으킨 죄에 대해 처벌받을 테고요.

그래서 불법적으로 권력을 잡은 이들은 선거를 없애거나 야당 정치인들이 꼼짝하지 못하도록 활동을 금지하거나 외국으로 추방합니다. 권력을 잃지 않기 위해 안간힘을 쓰지요. 선거가 제대로 안 이뤄지니까 정권이 바뀌지 않고 이들의 권력이 오래오래 유지됩니다. 장기 집권 독재가 되는 거예요. 박정희도 1961년 쿠데타를 일으킨 이후 18년 동안 권력을 휘두르다가 1979년 자신의 부하에게 암살당했지요.

2024년 기준으로 세계 최장기 집권자는 아프리카 적도기니 대통령 테오도로 오비앙 응게마 음바소고(Teodoro Obiang Nguema Mbasogo, 1942~)입니다. 그는 1979년 쿠데타를 일으킨 이래로 40년 넘게 집권하고 있어요. 이웃한 우간다, 르완다에서도 한 사람이 수십 년씩 권력을 잡고 있습니다. 적도기니와 르완다, 이 두 나라 대통령은 선거를 치러서 집권한 것은 아니지만 내전을 끝내고 취임한 당시에는 국민의 높은 지지를 받았습니다. 하지만 권력을 오래 누리다 보니 점점 더 국민을 억압하게 되고, 경쟁자들을 탄압하면서 반민주적인 독재로 향하고 있습니다.

선거로 대통령이나 총리가 된 사람이 법을 바꿔서 장기 집권을 하기도 해요. 러시아 푸틴 대통령은 2000년에 대통령이 됐어요. 러시아 법에 따르면 대통령을 2번까지는 연달아 할 수 있어서 3번 이어서 할 수는 없었습니다. 그래서 2008년 잠시 총리로 내려왔다가 2012년에 다시 대통령직에 올랐습니다. 대통령 임기를 4년에서 6년으로 늘려 2018년 대선에서 집권을 연장했는데, 그 뒤에 헌법을 바꿔 임기 제한을 없앴어요. 사실상 죽을 때까지 권력을 누리는 '종신집권'을 할 수 있게 만들었습니다. 푸틴은 2024년 3월 치러진 대선에서도 승리해 5선에 성공했어요. 임기가 2030년까지로, 대통령과 총리 재임 기간을 모두 합치면 총 30년입니다. 만약 2030년 대선에서도 승리하면 재임 기간은 36년으로 늘어나게 되겠지요.

선거 경쟁이 없고 특정인이나 정당이 권력을 오래도록 독점하면 부패가 심해지고 인권탄압이 늘어납니다. 하지만 독일 같은 내각제 국가에서는 선거로 한 정당이나 한 사람이 오래도록 집권하기도 해요. 유권자들이 투표로 선택한 것이니 독재와는 다릅니다.

2024년 3월 독일 싱크탱크 베르텔스만 재단은 전 세계에서 74개국이 독재 체제를 취하고 있다면서 러시아, 중국, 북한, 벨라루스, 이란 등을 '강경 독재국가'로 분류했습니다. 미얀마, 시리아, 리비아, 예멘 등은 민주주의가 '붕괴한 상태'라고 평가했어요.

🔍 #권력을_독차지 #반민주적으로 #법까지_바꾸며_집권 #종신집권 #인권탄압 #부패

사사오입 개헌
4·19 혁명의 도화선이 된
반올림식 헌법 개정

근삿값을 구할 때 쓰는 반올림이라는 개념을 알고 있지요? 숫자
의 끝자리가 4 이하면 버리고, 5 이상이면 그 윗자리에 1을 더하
는 방법입니다. 근삿값을 구하기에는 효율적인 방법일 수 있지
만, 반올림 때문에 크게 난리가 난 적이 있었어요. 1954년, 우리나
라에서 일어난 일입니다. 국회에서 헌법 개정안을 놓고 투표했는
데 말도 안 되는 일이 일어났어요. 투표 결과를 반올림해서 통과
시켰습니다. 4까지는 버리고 5부터 올린다고 해서 반올림을 한자
어로 '사사오입四捨五入'이라고 하거든요. 그래서 이 사건도 '사사
오입 개헌'이라고 불러요. 사건의 핵심은 이승만(1875~1965) 초
대 대통령의 연임이었어요. 대통령 임기는 미국처럼 4년이었고,
1번만 더 할 수 있게 돼 있었어요. 이승만 대통령이 퇴임할 때가
됐는데 집권당이던 자유당이 정권을 연장하려고 개헌안을 만들
었습니다. 새 헌법이 공포되는 시점의 대통령은 2차례 연임을 했
어도 다시 대선에 출마할 수 있게 한 거예요. 국회에서 개헌안을

놓고 203명의 국회의원 중 202명이 투표했는데 찬성 135표와 반대 60표, 기권 7표가 나왔습니다. 개헌안이 가결되려면 의원 3분의 2 이상인 136명이 찬성했어야 하는데 1표가 부족했어요. 당연히 부결이죠. 그런데 투표 다음날 자유당이 기상천외한 논리를 들어 부결이 아니라고 주장했어요. 203의 3분의 2는 135.333……인데, 0.333……은 반올림에서 버려도 되는 숫자이니까, 203명의 3분의 2는 135명이란 겁니다. 말도 안 되지요. 그런데 당시 서울대학교에서 수학을 가르쳤고 대한수학회장을 지낸 교수가 나와서 '사사오입이 맞다.'라고 했답니다. 지식인이 민주주의의 지킴이가 되기는커녕 정권에 빌붙어 권력층의 입맛대로 논리를 만들어준 대표적인 사례랍니다. 자유당은 사사오입을 주장하면서 표결 결과를 뒤집어 '가결'로 만드는 동의안을 국회에서 다시 투표에 부쳤어요. 반발한 야당 의원들이 모두 퇴장한 가운데 여당 의원들만의 찬성으로 동의안이 가결됐고, 이승만 대통령은 결국 1956년 대선에 출마해 정권을 다시 창출하는 데 성공했습니다.

하지만 사사오입 개헌은 국민의 불만과 비판을 크게 불러일으켰어요. 이승만 정부와 집권 자유당은 1960년 3월 15일에 치러진 대통령·부통령 선거에서 대대적인 부정행위를 저질렀고, 이는 결국 분노한 시민들의 저항인 4·19 혁명으로 이어졌습니다.

Q #투표_결과를_반올림하다니 #이승만_연임 #개헌 #가결 #정족수 #부정행위 #4·19혁명

4·19 혁명
국민의 힘으로
부패 정부를 무너뜨리다

1960년 4월 11일, 한쪽 눈에 최루탄 파편이 박힌 어린 학생의 시신이 바다에서 떠올랐습니다. 이 끔찍한 소식은 신문 기사를 통해 사람들에게 전해졌습니다.

반올림으로 헌법을 바꿔 세 번이나 대통령을 한 이승만과 자유당의 장기 집권에 국민들의 불만이 끓어올랐습니다. 그런 가운데 1960년 3월 15일 대통령과 부통령을 뽑는 선거가 치러졌어요. 당시 한국에는 대통령과 부통령이 있었고, 투표로 이들을 뽑았어요. 대선에서 자유당의 이승만이 다시 당선됐습니다. 이승만은 4선 대통령이 됐어요. 야당인 민주당의 조병옥 후보와 맞붙었지만 조 후보가 선거를 앞두고 갑자기 병으로 사망하면서 이 대통령은 사실상 단독 출마한 셈이었습니다.

문제는 부통령 선거였습니다. 자유당에선 이기붕 현직 부통령이 나왔고 야권에선 민주당의 장면 후보 등 세 명이 출마했어요. 대통령이 임기 중에 사망하면 부통령이 대신 직무를 수행해야 했습니다. 이승만 대통령은 이미 85세였기 때문에, 자유당은 만일에 대비해 반드시 부통령으로 이기붕이 당선되어야 한다고 생각했어요. 그래서 야당의 선거운동을 방해했고, 투표용지를 위조해 투표함에 무더기로 집어넣고 개표 과정도 조작했습니다.

전국에서 '3·15 부정선거'를 비난하는 시위가 벌어졌어요. 그런데 시위에 나갔다가 실종된 마산상고 1학년 김주열 학생이 4월 11일 마산 앞바다에서 시신으로 발견된 거예요. 왼쪽 눈에 최루탄이 박힌 채였습니다. 시위는 점점 더 확산됐습니다. 4월 19일 서울에선 대학생들은 물론이고 중고생과 시민들이 거리로 쏟아져 나와 부정선거와 정부의 부패를 비판했습니다. 전국에서 시위가 일어나자, 4월 26일 이승만 대통령은 결국 사임을 발표했고 이후 미국으로 망명했습니다. 이기붕은 자식이 없는 이승만 대통령에게 맏아들 이강석을 양자로 보냈는데, 4월 28일 바로 그 이강석의 총에 맞아 가족들과 함께 사망했습니다. 혁명 뒤 민주당의 윤보선 대통령과 장면 총리가 이끄는 새 정부가 출범했습니다.

이후 군사쿠데타 정권은 이 사건을 4·19 학생운동, 4·19 의거 등으로 부르며 깎아내렸습니다. 하지만 민주주의가 정착한 1990년대부터는 국민의 힘으로 부패한 정부를 무너뜨리고 새로운 민주 정부를 세운 이 사건을 4·19 혁명이라 부릅니다.

Q #김주열_열사 #최루탄 #조작 #위조 #이승만 #윤보선 #장면 #새로운_민주_정부_탄생

계엄령
비상시국을 선포하고
민주주의 근본 원칙을 중단하다

"비상시국이다! 지금부터 법과 질서를 지키기 위해 계엄을 선포한다!" 국가적인 비상 상황에서는 대통령이나 총리가 군대를 동원하고 '계엄령戒嚴令'을 내릴 수 있고, 이때는 헌법의 효력도 일부 정지됩니다. 정치활동이나 집회, 시위, 언론자유 등등 시민의 기본권과 민주주의의 근본 원칙에 해당하는 것들까지 '일단 정지'됩니다. 그리고 군대가 나서서 시민들을 통제합니다.

군대를 동원할 정도의 국가적인 비상 상황은 어떤 때일까요? 전쟁이나 폭동, 쿠데타, 천재지변이 일어나면 생존을 위해 사람들이 사회질서를 지키지 않을 수 있어요. 생필품이 모자라 가게를 약탈하고 싸움이 벌어져 경찰의 통제도 먹히지 않는다면 어쩔 수 없이 군이 나서야겠지요. 하지만 원래 군대는 외부의 적들로부터 국민을 지키는 존재잖아요? 정부가 자국민을 통제하도록 군대를 거리로 내보내려면 정말 비상시여야만 합니다. 그런데 한국에서 계엄령이 16번이나 내려졌어요. 첫 번째는 1948년이었습니다. "제주도 좌파 세력을 토벌하라!"라는 이승만 정부의 명령에 일부 군인이 반란을 일으키자, 정부가 계엄령을 선포하고 진압하여 많은 민간인과 경찰이 목숨을 잃었어요. 1950년 한국전쟁 때도 몇 차례 계엄령이 선포됐습니다. 하지만 국가적인 위기에 대응하려는 것이 아니라 쿠데타 세력이 권력을 빼앗고 유지하기 위해서였죠. 라틴아메리카의 군사정권도 툭하면 계엄령을 내려 시민의 눈과 귀와 입을 막고, 반대 세력을 탄압했습니다. 세계 여러 지역에서 1960~1980년대에 이런 일들이 많이 일어났어요.

어느 나라에 계엄령이 내려졌다는 뉴스는 지금도 간혹 들려옵니다. 태국에서는 군 장성이 2014년 쿠데타를 일으키고 정권을 잡은 뒤 10개월간 계엄통치를 했어요. 쿠데타로 집권한 미얀마 군부도 2021년 계엄을 선포했고요. 우크라이나는 2022년 러시아의 침공을 받고 비상사태로 전국에 계엄령이 내려졌고, 지금도 이어지고 있어요. 전쟁이 계속되고 있기 때문입니다. 젤렌스키 대통령은 당초 임기가 2024년 5월 30일까지였지만, 헌법에 규정된 계엄령 관련 조항을 근거로 모든 선거를 중단했습니다. 그래서 대선은 물론 총선도 치러지지 않았어요. 우크라이나 정치권 일각에서는 계엄령하에 젤렌스키 대통령의 임기가 자동으로 연장된 상황을 둘러싸고 논란이 벌어지기도 했습니다.

Q   #국가_비상_사태 #비상시국 #계엄_선포 #지국민_통제 #계엄통치 #전쟁 #선거_중단

유신헌법
한국식 민주주의라니요?

4·19 혁명으로 출범한 새 정부는 오래가지 못했어요. 이듬해인 1961년 5월 16일 박정희 당시 제2군 사령부 부사령관이 정부를 무너뜨렸습니다. 박정희는 멀쩡한 정부를 쿠데타로 쓰러뜨려놓고는 "나라가 안정된 다음에 군으로 돌아가겠다."라고 했지요. 하지만 그는 권력을 놓지 않았습니다. 쿠데타 2년여 뒤인 1963년 대선에서 당선된 후 1967년에 다시 한 번 당선됐고, 1969년에는 헌법을 고쳐서 한 번만 중임할 수 있었던 것을 3선까지 가능하게 했습니다. 그러고는 1971년 대선에 또 나가 정권을 연장했습니다.

1972년에는 군대를 동원해서 강제로 국회를 해산했어요. 그러면서 계엄령을 내려 집회와 시위를 막았습니다. 언론과 출판은 사전 검열을 하고, 대학들은 휴교시킨다고 발표했어요. 그러더니 개헌안을 국민투표에 부쳐서 91.5퍼센트의 압도적인 지지율로 통과시켰습니다. 개헌에 반대하거나 박정희를 비판하는 사람은 입도 뻥긋하지 못하게 하고 실시한 투표였으니 자유롭게 치러졌을 리가 없죠. 이렇게 만들어진 새 헌법은 '유신維新 헌법', 이 헌법이 유지된 기간은 '유신 체제'라고 부릅니다. 19세기 말에 일본에서 일어난 '메이지 유신'을 앞에서 살펴봤지요? '유신'은 낡은 제도를 고쳐서 새롭게 한다는 뜻의 일본식 한자어입니다.

유신헌법의 핵심은 '박정희의 나라'를 만드는 데 있었습니다. 대통령은 임기 6년에 횟수 제한 없이 연임할 수 있게 했어요. 대통령 선거는 간접선거로 바꿨고요. 사실상 박정희가 죽을 때까지 종신직으로 재임할 수 있게 된 겁니다. 또 대통령이 '긴급조치'를 선포해서 헌법에 있는 국민의 자유와 권리까지 '정지'시킬 수 있었어요. 국회의원의 3분의 1과 법관 전부를 대통령이 임명할뿐더러, 대통령이 국회를 해산할 수도 있었습니다. 행정-입법-사법의 삼권분립의 원칙은 머나먼 우주의 안드로메다로 사라지고 만 셈이네요.

박정희는 이를 두고 '한국식 민주주의'라고 주장했어요. 한국 현대사의 암흑기였던 유신 체제는 박정희가 1979년 10월 26일 측근에게 암살당하면서 막을 내렸습니다.

Q #박정희 #3선 #정권_연장 #국회_해산 #집회_시위_금지 #유신_체제 #긴급조치

전태일
우리는 바보가 아니다.
근로기준법을 지켜라!

'한강의 기적'은 1960~1980년대 한국의 눈부신 경제성장을 가리키는 말입니다. 이런 발전 뒤에는 가난한 시골을 떠나 도시로 온 수많은 사람의 피땀 어린 노동이 있었답니다. 한국이 발전을 시작할 무렵에 주로 수출한 품목은 섬유와 의류였어요. 서울 동대문과 청계천 주변에 옷 공장이 많았고, 다닥다닥 붙은 작업장은 높이가 사람 키만큼도 안 됐어요. 그런 곳에서 미싱사, 재단사, 보조 일꾼인 '시다'들이 새벽부터 밤늦게까지 기계를 돌렸습니다.

전태일(1948~1970)은 봉제공장에서 재봉사, 재단사로 일하던 청년 노동자였어요. 대구의 가난한 집에서 태어나 16살에 서울로 올라왔고, 구두닦이 일을 하다가 평화시장에 있는 공장에 취직했어요. 오늘날 수습공이라고 부르는 견습공을 거쳐 재봉사가 됐지만 현실은 열악했습니다. 어린 소녀들이 허리도 못 펴는 공장에서 먼지를 마셔가며 밤늦도록 일했지만 노동자들의 임금은 턱없이 적었어요. 1968년, 전태일은 '근로기준법'이라는 법이 있다는 것을 알게 됐습니다. '이 정도는 지켜야 한다.'라고 노동 조건을 정해놓은 이 법은 현실과는 거리가 멀었죠. 분노한 그는 "지금은 바보처럼 당하고 살지만, 우리도 깨우쳐서 바보로 남지 말자."며 청계천 노동자들을 모아 '바보회'를 만들었습니다. 부당한 현실을 알리고 법과 노동청에 호소했지만 소용이 없었어요.

'공무원은 일주일 45시간을 일하는데 어린 시다(견습공)들은 98시간의 고된 작업에 시달립니다. 저희들의 요구는 작업시간 단축과 급여 인상입니다. 절대 무리한 것이 아닙니다. 인간으로서 최소한의 요구입니다.'라고 박정희 대통령에게 편지를 썼지만 전달되지 않았습니다.

전태일은 1970년 11월 13일 평화시장 입구에서 온몸에 휘발유를 끼얹고 "근로기준법을 준수하라!" "우리는 기계가 아니다!"라고 외치며 몸에 불을 붙였습니다. 그는 끝내 사망했고, 스스로를 불태운 그의 죽음은 한국 사회에 엄청난 충격을 던졌습니다. 노동 현실이 알려지고 노동운동이 본격화하는 계기가 됐지요. 전태일의 희생은 21세기에도 의미가 있어요. 노동자들이 일터에서 안전하고 평등하게 일할 권리는 중요하니까요. 어려운 처지의 동료를 외면하지 않고 함께 고민하며 노동자의 환경을 개선하려고 했던 전태일의 정신을 잊지 말아야 하겠습니다.

Q #근로기준법 #바보회 #인간으로서_최소한의_요구 #평화시장 #분신 #희생 #잊지_말아요

김대중 납치 사건
유신독재를 비판한 정치인,
괴한들에게 납치되다

도쿄 시내 한 호텔. 괴한들이 그간 독재를 비판해온 정치인을 납치합니다. 눈을 가리고 입을 막은 뒤, 차에 태워 바닷가로 끌고 갑니다. 괴한들은 그를 배에 옮겨 태우더니 몸에 무거운 돌을 매달아 바다에 던지려 합니다. 그 긴박한 순간, '그를 죽여선 안 된다.'라는 미국 중앙정보국 CIA의 연락이 전해졌습니다. 정치인은 절체절명의 위기를 간신히 벗어나 목숨을 구합니다.

영화의 한 장면이냐고요? 아닙니다. 박정희 독재에 반대한 정치인 김대중이 1973년 8월 8일 겪은 일입니다. 김대중은 1971년 대선 때 야당인 신민당 후보로 출마했어요. 중앙정보부와 정부 기관들이 조직적으로 부정선거를 했는데도 김대중의 인기를 누르지 못했죠.

중앙정보부는 박정희 정권 때 북한 등 '적'들의 정보를 수집한다면서 실제로는 야당 정치인이나 비판적인 지식인, 대학생들의 뒷조사를 한 악명 높은 정보기관입니다. 뒤에 '안전기획부(안

기부)'라는 이름으로 바뀌었다가 지금은 '국가정보원(국정원)'으로 다시 바뀌었지요.

김대중과 표 차이가 90만 표밖에 나지 않았다는 사실에 박정희와 여당은 크게 놀랐어요. 김대중은 박정희의 핍박을 피해 일본에 갔는데, 거기까지 박정희의 하수인들이 쫓아가 그를 납치해 죽이려 한 거예요. CIA가 이 사실을 알고 한국 중앙정보부에 압력을 넣은 덕에 김대중은 간신히 살아날 수 있었습니다. 그는 납치 당시 부산항으로 추측되는 우리나라의 어느 항구에 도착한 뒤 다시 어디론가 끌려갔다가 서울 동교동 집 부근에서 풀려났습니다. 납치된 지 129시간 만이었지요. 김대중은 위기를 모면했지만, 자기 집에 갇혀 지내야 하는 '가택연금'을 당했고, 정치 활동도 금지당했어요.

박정희 정권은 자신들이 한 짓이 아니라고 했습니다. 그러나 훗날 전직 중앙정보부장이 납치를 시인했지요. 김대중 납치 사건을 계기로 전국 대학에서 유신 반대운동이 본격적으로 일어났습니다. 한국 가톨릭의 최고위 인사인 김수환 추기경, 정치 지도자 장준하와 사회운동가 겸 언론인 함석헌 등은 유신헌법을 바꾸기 위해 '100만 서명운동'을 벌였습니다.

온갖 고초를 겪은 김대중은 한참 시일이 흐른 1997년 대선에

#김대중 #실화 #중앙정보부_부정선거 #안전기획부 #노벨평화상 #남북관계 #인권

서 승리해 한국의 제15대 대통령이 됐고, 2000년에는 노벨평화상을 받았습니다.

　한국인 중 노벨상을 수상한 사람은 2024년 현재 김대중 전 대통령이 유일합니다. 2000년 노르웨이 노벨상 위원회는 "한국과 동아시아에서 민주주의와 인권을 위해, 그리고 특히 북한과의 화해를 위해 노력한 업적을 기려 김대중 대한민국 대통령에게 노벨평화상을 수여하기로 결정했다."라고 선정 이유를 밝혔습니다.

노벨 평화상은 스웨덴 출신의 기업가이자 다이너마이트 폭탄 발명가인 알프레드 노벨의 유언으로 만들어진 5가지 부문(화학, 물리학, 생리의학,문학, 평화) 상 중 하나예요. 국가 간의 우호, 군비의 감축, 평화 교섭 등에 큰 공헌이 있는 인물이나 단체에 주어지지요. 노벨의 유언에 따라 노르웨이 노벨위원회가 수상자를 선정하며, 수상식은 다른 부문과 달리 유일하게 노르웨이 수도 오슬로 시청에서 열립니다. 2023년도 노벨평화상은 이란의 여성 인권운동가인 나르게스 모하마디가 받았어요. 그녀는 감옥에 수감된 상태여서 시상식에 직접 참석하지 못하고, 10대 쌍둥이 자녀가 대리 수상했습니다. 두 자녀는 아버지이자 모하마디의 남편인 타그니 라흐마니와 프랑스로 망명해 살고 있어서 수상식에 참석할 수 있었어요. 모하마디는 자녀들을 통해 전한 수상소감에서 "저항은 살아 있으며 투쟁은 약해지지 않는다."라고 밝혔답니다.

프라하의 봄
너무 일찍 져버린
민주주의 꽃봉오리

체코 수도 프라하는 중부 유럽에 위치한 아름다운 도시예요. 2차 대전 뒤부터 수십 년 동안 체코는 '체코슬로바키아'라는 사회주의 연방국가의 일부였어요. 공산당 정권이 계속 이어져왔고, 걸 핏하면 소련이 참견했지요. 하지만 소련이 무너지던 1989년 무렵 체코슬로바키아는 시민들의 평화적인 시위를 통해 공산 정권을 민주적인 정부로 교체했습니다. 1993년에는 싸움 없이 체코와 슬로바키아 두 나라로 갈라졌답니다.

체코인들의 평화로운 민주주의 혁명을 벨벳이라는 부드러운 천에 빗대서 '벨벳혁명Velvet Revolution'이라고 부릅니다. 그런데 사실은 그로부터 20여 년 전에도 체코에서 대대적인 민주화 움직임이 있었어요. 1968년 1월, 알렉산데르 둡체크(Alexander Dubček, 1921~1992)가 체코슬로바키아 공산당 지도자가 됐습니다. 당시 '동구권' 즉 유럽 동쪽의 공산국가들에서는 사상이나 언론 통제가 아주 심했습니다. 그런데 둡체크는 공산당 지도자였지만 진보적이고 개방적이었어요. 그래서 언론과 표현의 자유를 보장하고, 심지어 다당제까지 도입했습니다. 국가의 요직에 새로운 인물들을 임명하고 '인간의 얼굴을 한 사회주의'라는 유명한 행동강령을 발표했지요.

물론 국민들이 민주주의를 끈질기게 요구하지 않았다면 이런 개혁은 없었을 겁니다. 당시 체코의 지식인, 예술인들과 국민들은 끊임없이 공산당의 경제적인 실패와 억압을 비판하면서 변화를 요구했거든요. 하지만 개혁은 몇 달 지나지 않은 8월에 소련의 침략으로 막을 내렸지요. 소련은 25만 대군을 투입해 체코를 침공하더니, 둡체크를 쫓아내고 개혁을 무효로 만들었습니다.

소련군 침공 전까지 따뜻한 봄날처럼 민주주의의 꽃봉오리가 돋아났던 짧은 시기를, 체코 수도의 이름을 따서 '프라하의 봄'이라고 해요. '~의 봄'은 프라하 말고도 많이 들어보게 될 거예요. 박정희가 죽은 이후의 '서울의 봄', 2011년 중동과 북아프리카에서 일어난 '아랍의 봄'처럼요.

Q #체코_프라하 #평화로운_혁명 #벨벳혁명 #소련군_침공_전까지 #민주주의_꽃봉오리

아옌데
쿠데타에 굴복하느니
죽음을 택하겠다!

박정희 정권 밑에서 한국의 민주주의가 억압받을 때, 지구 반대편 칠레에서도 비극적인 일이 일어났습니다. 민주 선거를 통해 집권한 정부가 군부 쿠데타로 무너졌어요.

살바도르 아옌데(Salvador Allende, 1908~1973)는 의과대학에 다니다가 가난한 사람들의 비참한 생활을 보면서 사회주의에 관심을 가지게 됐어요. 그는 1933년 칠레 사회당을 만드는 일에 참여했고, 하원의원에 이어 상원의원에 당선됐습니다. 그러고는 몇차례 도전한 끝에 1970년 대선에서 승리했습니다. 민주 선거로 사회주의 정부가 세워진 것은 세계에서 처음이었습니다.

칠레는 구리를 비롯해 광물자원이 많은 나라이지만 자본가와 국민의 빈부 격차가 어마어마하게 컸어요. 자본가는 몇몇이었지만 국민 대다수는 가난했지요. 아옌데 대통령은 외국 회사나 칠레 기업이 갖고 있던 구리광산을 국가 소유로 만들었습니다. 은행도 국유화하고, 지주들의 토지 일부를 농민들에게 나눠주는 토지개혁을 했습니다. 의료와 교육, 복지를 늘리고 영양실조로 병든 아이들에게는 우유를 나눠줬습니다. 빈민들의 고통을 줄이고 경제 불평등을 해소하기 위한 정책들이었습니다. 하지만 칠레의 부자들과 미국은 싫어했지요. 미국 기업들이 칠레의 자원이나 금융시장으로부터 이익을 얻기가 힘들어지니까요. 그래서 미국은 칠레에 경제 제재를 가했고, 아옌데에 반대하는 칠레 정치인들을 밀어줬습니다. 세계 시장에서 칠레의 돈줄인 구릿값을 일부러 떨어뜨려 타격을 줬지요.

1973년 9월 11일, 아우구스토 피노체트(Augusto Pinochet, 1915~2006) 참모총장이 이끄는 군부가 쿠데타를 일으켰습니다. 미국 정부와 CIA가 쿠데타 세력을 도왔다고 해요. 아옌데는 수도 산티아고에 있는 대통령 궁에서 쿠데타군에 맞서 직접 총을 쏘며 끝까지 저항했습니다.

"칠레 만세! 민중 만세! 노동자 만세!"

그는 마지막까지 라디오 연설에서 민주주의와 사회의 변혁을 외쳤습니다. 그 뒤 가족과 동료들을 밖으로 내보낸 뒤 스스로 목숨을 끊었습니다. 이후 1990년까지 칠레에서는 20년 가까이 가혹한 군부독재가 이어졌습니다.

Q　#칠레 #극심한_빈부_격차 #국유화_정책 #토지개혁 #경제_불평등_해소 #미국_제재

민주화
독재를 몰아내고
민주주의를 이룩하기 위하여

체코 등 옛 공산권 국가들에는 새로운 바람이 불었습니다. 소련이 무너진 일을 계기로 1980년대 말부터 1990년대 초 사이에 공산당 일당독재가 끝나고 민주화가 진행됐습니다. 아시아에서도 필리핀을 시작으로 한국 등 독재국가들의 민주화 운동이 거세게 일어났고, 군사독재정권을 몰아내는 성과를 거뒀지요. 칠레를 비롯한 중남미에서도 1980년대 이후로 민주화가 이뤄졌습니다.

왜 하필 그때였느냐고요? 2차 대전 때부터 1980년대까지 미국과 소련이 세계 자본주의 진영과 공산주의 진영을 각각 휘어잡으면서 '편 가르기'를 했습니다. 미국은 민주주의를 지지한다고 해왔지만, 독재정권도 '우리 편'이면 밀어줬어요. 칠레에서 했던 것처럼요. 소련도 마찬가지였습니다. 사회주의 이상을 실현한다고 했지만 자기네 편을 늘리는 데에 골몰했고, 공산권 주민들이 민주주의를 요구하면 체코에서 했듯이 군대를 보내 진압했습니다.

독재정권들 역시 '냉전'을 악용했어요. 박정희 정권이 늘 내세운 것이 북한의 위협, 공산화에 대한 공포였습니다. 그를 비판하는 사람들을 "빨갱이 때려잡자!"라는 말로 잡아 가두고 처형했습니다. 그러다가 소련이 무너지면서 독재정권의 말에 더는 힘이 실리기 힘들어졌습니다. 편 가르기를 하느라고 독재정권을 밀어주던 미국도 손을 떼기 시작했고요. 이런 세계적인 흐름 속에서 세계 여러 지역의 민주화가 시작됐습니다.

한국을 보자면, 앞에서 설명했듯이 이승만 장기 집권에 저항한 4·19 혁명 외에도 박정희 독재에 맞선 1979년 10월 부산과 마산(현재의 창원)의 '부마 항쟁', 전두환 쿠데타 세력에 반대한 1980년 5월의 광주 민주화 운동과 1987년의 '6월 항쟁' 등이 있습니다.

민주화는 갑자기 물 흐르듯 일어나는 것이 아닙니다. 수십 년이 걸리기도 하고, 민주화를 반대하는 사람들과의 싸움도 피하기 어렵습니다. 어느 나라에서든 결코 쉬운 과정이 아니었지요. 그 과정에서 광주에서처럼 학살이 벌어지기도 하고 어떤 나라에서는 다시 새로운 독재자가 나타나기도 합니다. 피와 눈물을 흘릴지언정, 지구상 어디에서나 민주화의 시계는 지금도 끊임없이 돌아가고 있습니다.

🔍 #냉전 #공산화_공포 #위협 #빨갱이 #편_가르기 #부마_항쟁 #민주화는_지금도_계속된다

서울의 봄
시민의 피와 눈물
민주화에 대한 희망과 기대

영화 〈서울의 봄〉을 보았나요? 쿠데타를 일으켜 국가권력을 장악하려는 군인들과 이를 막기 위해 애쓰는 또 다른 군인들 간에 벌어지는 충돌을 생생하게 그린 영화이지요. 보는 내내 울화통이 치밀었다는 사람이 많았다고 해요. 왜냐면 실제 일어난 일을 소재로 한 만큼 영화가 어떻게 끝날지 알고 있었으니까요.

민주화는 한번 시동이 걸리면 일사천리로 진행되는 하나의 사건이 아닙니다. 숱한 곡절을 겪고, 독재 세력의 역습이 일어나요. 독재정권 덕을 본 사람들도 적지 않았을 테니까요.

한국의 민주화도 혹독한 겨울과 짧은 봄 사이를 오간 기나긴 과정이었습니다. 박정희 대통령이 사망한 다음 날인 1979년 10월 27일부터 1980년 5월 17일까지, 민주화의 희망과 기대가 분출했던 시기를 '서울의 봄'이라고 불러요. 하지만 '프라하의 봄'이 그랬듯 한국에서 민주주의의 꽃봉오리는 활짝 피기도 전에 무참히 짓밟히고 말았습니다.

'서울의 봄'은 박정희 대통령이 김재규 중앙정보부 부장의 총알에 숨지고 오랜 독재가 막을 내리면서 시작됐습니다. 국무총리를 지낸 최규하(1919~2006)가 대통령 권한대행을 맡았어요. 그는 일단 유신헌법에 따라 대통령을 뽑되, 되도록 빨리 민주적인 헌법으로 고쳐 국민이 직접 대통령을 선출하게 하겠다고 약속했습니다.

최규하 권한대행이 대통령으로 선출됐고, 국민을 억압하던 긴급조치가 해제됐지요. 순조롭게 진행되는 듯했던 민주화는 12월 12일 전두환 보안사령관을 중심으로 한 신군부가 쿠데타를 일으켜 모든 권력을 장악하면서 급변합니다. 전국 대학에서는 신군부에 저항하는 시위가 본격적으로 벌어졌어요. 1980년 5월이 되자 대학생 수만 명이 서울 중심가에 집결했고, 야당 정치인들과 지식인들도 '비상계엄 해제'를 요구했어요. 5월 15일에는 서울역 주변에 대학생 10만 명이 모였으며 서울뿐만 아니라 주요 도시들에서도 대규모 시위가 벌어졌습니다.

5월 17일 신군부는 정당 활동 등 모든 정치활동을 금지하고 국회도 폐쇄했습니다. 전국의 주요 대학에서 학생 대표들을 체포하고, 박정희 사망 이후 서울에 내려진 비상계엄을 전국으로 확대했습니다. 서울, 부산, 대구, 광주 등 대도시에 군대가 배치됐습니다. 국회를 비롯해 정부 기관과 대학, 언론사에 계엄군이 들어갔습니다. 집회나 시위는 모두 금지됐고, 언론 보도도 사전 검열을 받아야 했습니다.

짧았던 '서울의 봄'은 막을 내렸습니다. 그로부터 서울에 진정한 봄이 찾아오기까지는 많은 시간과 많은 사람의 희생이 필요했습니다. 지금 우리가 누리고 있는 민주주의 체제는 결코 당연한 것이 아니며, 국민 스스로가 싸워 성취해냈다는 사실을 잊지 말아야겠습니다.

광주 민주화 운동
대한민국 민주주의를 위해 싸우다

유신독재가 끝나고 민주주의가 오리라는 기대가 한껏 커져가던 때였습니다. 신군부에 대한 반발은 당연히 컸습니다. 그러자 신군부는 광주에서 일어난 시위를 무참히 짓밟아 민주주의의 싹을 잘랐습니다.

계엄이 확대된 다음날인 5월 18일, 전남대학교 정문 앞에서 계엄군이 학생들을 막아 세웠습니다. 반발하는 학생들을 무참히 폭행했고, 말리던 시민들까지 때렸습니다. 광주의 여러 대학에서 학생들이 거리로 나와 "비상계엄 해제하라!" "전두환 물러가라!" 하고 외치기 시작했습니다. 계엄군은 학생들을 무자비하게 때린 뒤 끌고 갔어요. 심지어 민가에까지 들어가 젊은 남성들을 붙잡아 갔습니다.

시민들은 계엄군의 잔인함에 분노했고 저항은 커져갔습니다. 장갑차와 헬기까지 동원한 계엄군은 시민들에게 발포했어요. 시민들에게 총을 쏘다니요? 군대가 시민들을 상대로 전쟁을 시작한 겁니다. 20일에는 광주와 외부를 잇는 전화를 끊어 시민들을 고립시켰습니다. 시내 중심가 금남로에서 저항하던 시민들이 군의 총탄을 마주했습니다. 결국 시민들도 총기를 구해 무장하기 시작했습니다. '시민군'이 된 겁니다. 잠시 계엄군이 물러난 5월 21일부터 26일 사이에 시민들이 전남도청을 차지했습니다. 신부, 목사, 변호사, 교수, 정치인들과 학생들이 수습위원회를 만들어 길거리를 치우고, 흩어진 시민군을 모아 치안을 유지했습니다. 상인들은 길가에서 밥을 지어 시민군들을 먹였습니다. 공포와 참상 속에서 '5월 광주 공동체'가 탄생했습니다.

5월 27일, 계엄군이 탱크를 몰고 몰려들었습니다. 특공대가 시내에 진입했지요. "계엄군이 쳐들어오고 있습니다. 시민 여러분, 우리를 잊지 말아 주십시오!" 애타는 호소가 도시 곳곳에 메아리쳤습니다.

그날, 많은 시민이 싸늘한 시신이 됐습니다. 후유증으로 숨진 이들을 포함해 600여 명이 목숨을 잃었습니다. 그후 오랫동안 '광주'는 한국의 '금기어'였습니다. 전두환 정권은 '폭동'이라고 주장했고 언론도 그 말을 되풀이했어요. 그러나 진실은 감출 수 없는 법이죠. 광주는 민주주의를 열망하는 이들에게 엄청난 영향을 미쳤고, 오랜 시간이 걸리긴 했지만 광주의 희생자들은 민주화의 공로를 인정받고 망월동 국립 5·18 묘지에 안장됐습니다.

🔍 #전남대학교 #무고한_시민과_계엄군 #짐갑치 #발포 #시민군 #희생 #민주화를_위하여

박종철
'탁' 하고 치니
'억' 하고 죽었다고?

'서울의 봄'이 막을 내린 후 다시 군부독재가 이어졌어요. 민주화 운동에 참여한 사람이 불법적으로 체포돼 고문당하거나 숨진 채 발견되곤 했습니다. 누군가에 의해 죽음을 맞은 것으로 보이지만 진실이 드러나지 않은 경우를 '의문사'라고 부릅니다. 죽게 된 원인을 확실히 알 수 없어 의문으로 남았으니까요.

서울대학교 언어학과 학생 박종철은 1987년 1월 13일 치안 본부 대공분실 수사관들에게 연행됐어요. 당시에는 경찰이 독립돼 있지 않았고, 내무부(지금의 행정안전부) 밑에 '치안본부'가 있었어요. 치안본부는 서울 남영동 등 여러 곳에 비밀 조사실을 만들었는데, 이곳들을 대공분실對共分室이라고 불렀습니다. '간첩을 수사한다.'라는 명목이었지만 실제로는 전두환 정권에 반대하는 야당 인사들이나 학생들을 잡아다가 심문하는 곳이었습니다.

박종철을 끌고 간 수사관들은 "친구의 행방을 대라"며 박종철에게 잔혹한 폭행과 전기고문, 물고문을 가했습니다. 박종철은

249

끌려간 다음 날 남영동 대공분실 509호 조사실에서 숨을 거뒀습니다. 고문 끝에 사망하게 만들었다고 해서 '고문치사 사건'이라고 합니다.

다음날 한 언론이 '경찰에서 조사받던 대학생 쇼크사'란 제목으로 이 일을 보도했습니다. 엄혹한 당시 상황에서 보기 힘들었던 용감한 기사였습니다. 국민들은 큰 충격을 받았습니다. 여론에 등 떠밀린 강민창 치안본부장이 기자회견을 열었습니다. 그는 "책상을 '탁' 치니 갑자기 '억' 소리를 지르면서 쓰러졌다."라고 발표했습니다. 책상을 쳤을 뿐인데 앞에 있던 사람이 죽었다니, 말이 되는 소리인가요?

그러던 중 숨진 박종철을 처음 확인한 의사가 "현장에 물이 흥건했다."라고 폭로했습니다. 부검해보니 온몸에 피멍이 들고 폐가 상해 있었습니다. 경찰은 결국 가혹행위를 시인했습니다. 그 해 5월 18일, 가톨릭 신부 모임을 이끌던 김승훈 신부는 당국이 가담자 숫자를 줄이고, 거액을 줘 입을 막는 등 "사건의 진상을 조작했다."라고 폭로합니다.

진실은 숨길 수 없는 법입니다. 박종철의 죽음은 몇 달 뒤 국민적인 민주화 시위가 일어나는 도화선이 됐습니다.

Q #이어진_군부독재 #불법_체포 #고문 #의문사 #강제_연행 #대공분실 #긴첩이라니요

6월 항쟁
군사독재, 시민에 항복하다

박종철의 죽음에 분노한 국민들은 "독재 타도!"를 외치며 더욱 거세게 민주화를 요구하고 나섰습니다. 이미 전두환이 7년이나 집권하고 있을 때였어요. 신군부가 만든 헌법에 따르면 대통령의 임기는 7년이고, 딱 한 번만 재임할 수 있었습니다. 당시 전두환의 임기가 끝나가고 있었던 상황이었어요. 하지만 유신 때와 마찬가지로 대통령을 간접선거로 뽑게 돼 있었으니, 억압적인 분위기에서 또다시 신군부 인사가 당선될 게 뻔했죠.

시위가 한창이던 6월 9일, 서울 연세대학교 앞에서 시위하던 경영학과 학생 이한열이 경찰의 최루탄에 머리를 맞았습니다. 피를 흘리며 친구의 품 안에 쓰러진 청년의 모습이 외국 기자의 카메라에 포착됐고, 국내외 언론에 대대적으로 보도됐지요. 이한열은 한 달 뒤 세상을 떠났습니다.

이한열이 최루탄에 맞은 다음 날인 6월 10일, 여당이던 민주정의당은 모든 당원이 모이는 '전당대회(당대회)'를 열었습니다. 그 자리에서 전두환과 함께 쿠데타를 일으켰던 노태우 (1932~2021)를 대통령 후보로 뽑았습니다. 국민들의 분노에 기름을 부은 격이었어요.

전국의 주요 도시에서 대규모 시위가 벌어졌습니다. 6월 26일 '국민평화대행진'에는 100만 명을 훌쩍 넘는 사람이 참여했어요. 대학생뿐 아니라 직장인, 일명 '넥타이 부대'가 거리로 쏟아져 나오면서 독재정권은 완전히 궁지에 몰립니다.

6월 29일 노태우는 대통령 직선제로 개헌하고, 신군부 쿠데타 이후 사형선고까지 받고 계속 핍박받던 김대중을 사면해주고, 구속된 민주화 운동가들을 풀어주겠다는 약속을 내놓습니다. 군사정권의 항복을 이끌어낸 전 국민적인 민주화 운동을 '6월 항쟁'이라고 해요. 박종철의 사망에서 '6·29 선언'까지의 기간을 통틀어 '87년 민주항쟁'이라고도 합니다.

그해 12월, 드디어 16년 만에 대선이 직접선거로 치러졌어요. 민주화 진영이 둘로 갈라지는 바람에 노태우가 당선되기는 했지만, 6월 항쟁은 한국이 다시 민주주의로 방향을 잡고 법과 제도를 정비하는 계기가 됐습니다.

Q #독재_타도 #이한열 #언론_보도 #전당대회 #국민평화대행진 #김대중_사면 #직접선거

연대노조
피플 파워, 연대의 힘으로
폴란드 공산 정권을 무너뜨리다

한국에서 군부독재에 맞서 민주화 운동이 벌어지던 시기, 동유럽 폴란드에서는 공산 정권에 대한 저항이 거세졌어요. 이때 공산 정권에 저항하는 민주화 운동을 이끈 한 조직이 있었습니다. 이들은 폴란드 항구도시 그단스크Gdańsk에 있는 '레닌 조선소'를 중심으로 활동했습니다. 이 노동조합의 이름은 폴란드어로 '솔리다르노시치Solidarność', 우리말로 하면 '연대'입니다.

공산주의(사회주의)는 '노동자들의 세상'을 이야기하지만 실제로는 노동자들의 요구를 억압했죠. 국가가 생산과 소비를 정해주는 '계획경제'가 제대로 굴러가지 않아 생필품조차 부족하기 일쑤였고요. 1970년대 말 폴란드에서는 경제난 속에서 노동자들의 목소리를 진정으로 대변할 수 있는 독립적인 노조를 만들려는 움직임과 시위가 본격화됐어요.

레닌 조선소 전기공이던 레흐 바웬사(Lech Wałęsa, 1943~)는 이 '자유노조 운동'을 이끈 지도자 중 한 사람이었어요. 식료품값

이 치솟자 1980년 레닌 조선소에서 시위가 일어났어요. 바웬사는 '파업위원회 위원장'으로 뽑혀 노동자들이 모두 일손을 놓고 기계를 멈추는 총파업을 이끌었습니다. 파업할 권리, 독립적인 노조를 만들 권리를 요구한 바웬사와 동료들은 그해 10월 전국 규모의 독립 노조인 '연대'를 만들었습니다. 공산권 최초로 공산당과 관계없이 만들어진 노조였어요. 노조원들은 노조를 파괴하려는 정부와 맞서 대규모 파업에 돌입하며 정치적 자유, 공산당의 쇄신 등을 외쳤습니다. 노조원 수가 1,000만 명(1981년 9월 기준)이나 됐다고 하니 폴란드와 소련 정부는 연대노조의 규모와 영향력을 결코 무시하기 어려웠을 듯합니다.

소련 정부는 연대노조의 움직임이 공산권 전체로 확대될까 봐 걱정했어요. 그래서 폴란드 정부에 압력을 넣었습니다. 폴란드 정부는 1981년 12월 계엄령을 선포해 연대노조를 불법화하고 바웬사를 포함한 지도부를 체포했습니다. 그러나 바웬사는 가택연금 중에도 몰래 서방에 소식을 알렸습니다. 1983년에는 노벨평화상 수상자로 선정됐어요.

1988년 노동자들의 저항이 다시 폴란드를 휩쓸자, 정부는 연대노조와 타협을 시작했습니다. 1989년 2월부터 4월까지 정부와 노조 관계자들이 한자리에 모여 국가의 미래를 논의했던 회의를 이른바 '원탁회의'라고 부릅니다. 정부는 노조가 요구한 민주주의를 과감히 받아들였어요. 그 결과 같은 해 6월 상하원 의원을 뽑는 자유선거가 치러졌지요. 이 선거에서 총선에 사실상 승리한 노조는 공산당과 연립정부를 세웠습니다. 동유럽 공산권 최초로 비공산 계열 정부가 탄생했어요. 그리고 1990년 11월 25일, 전국적인 자유투표로 실시된 대통령 선거에서 바웬사는 74.3퍼센트의 득표율로 대통령에 당선됐습니다.

　1989년 11월 9일 독일을 동서로 가르던 베를린이 무너졌고 동시에 소련과 공산주의는 몰락했습니다. 연대노조의 투쟁은 이 역사적인 변화의 출발점으로 평가받습니다.

페레스트로이카
소련, '개혁'만이 살 길이다!

소련이 무너지기 직전 상황으로 잠깐 시계를 돌려볼게요. 소련에서는 1985년 미하일 고르바초프(Mikhail Gorbachev, 1931~2022)가 국가 최고 권력자인 공산당 서기장으로 취임했습니다. 고르바초프는 공산당에서 잔뼈가 굵은 정치인이었지만, 이전 지도자들과는 달랐어요. 예를 들어, 1922년부터 30년 동안 소련을 이끌었던 이오시프 스탈린은 피도 눈물도 없는 정적 숙청과 강압 정책, 철저한 독재로 악명이 높았습니다. 하지만 고르바초프는 서방보다 낙후한 소련 경제를 되살리려면 중앙의 통제를 완화하고 자율성을 높일 필요가 있다고 생각했어요. 미국과 화해해서 핵무기를 줄이고, 냉전 시절 소련을 괴롭힌 '군비 경쟁'에 들어가는 돈도 줄여야 한다고 생각했죠.

페레스트로이카Perestroika는 러시아어로 '재건' '개혁'을 의미합니다. 고르바초프가 실시한 개혁 정책을 말해요. 그는 집단농장에서 일하는 농업노동자들이 생산을 많이 하면 돈을 더 받도록 하고, 남는 농산물 일부는 시장에서 팔 수도 있게 해주는 식으로 시스템을 바꾸기 시작했어요.

1986년 4월 26일 새벽, 지금의 우크라이나에 있는 체르노빌 핵발전소가 폭발하는 사고가 일어났습니다. 원전 4호기가 굉음과 함께 폭발했어요. 정기 점검 중 기술자들의 조작 실수가 있었고, 이로 인해 원자로의 출력이 통제를 벗어나 정상 출력의 100배에 가까운 30만 메가와트까지 상승하면서 폭발한 것으로 추정됩니다. 누출된 방사성 물질의 총량은 1945년 일본 히로시마에 떨어졌던 원자폭탄 '리틀보이'의 400배. 인근 12개 주 2,000여 개 마을은 물론 전 유럽 국가들까지 방사성 물질의 피해를 입었습니다.

체르노빌 원전 폭발로 인해 소련의 관료주의와 무책임이 낱낱이 드러났고, 고르바초프의 개혁에 영향을 미쳤습니다. 시장경제 경험이 부족한 상태에서 국가가 고삐를 조이고 있던 힘이 약해지니까 오히려 소련 경제는 더 큰 혼란으로 치달았습니다. 그래서 고르바초프는 밖에서는 '냉전을 끝낸 영웅'이라는 찬사를 받지만 소련 안에서는 평판이 좋지 못했습니다.

고르바초프는 페레스트로이카와 함께 '글라스노스트glasnost'라는 개방 정책을 추진하면서 소련을 민주적인 나라로 변모시키

Q   #소련 #공산당 #스탈린_독재 #고르바초프 #재건 #개혁 #노동자_임금_개선 #개방_정책

려 했습니다. 공산당 일당독재 국가가 아닌 서구적인 민주주의 국가로 만들기 위해 애썼어요. 1990년에는 대통령직을 만들어서 서기장이 아닌 소련의 '초대 대통령'으로 취임했지만 공산당 보수파들이 탱크를 몰고 나와 그를 끌어내리려 했지요. 간신히 쿠데타는 막았으나 이미 위신은 곤두박질친 뒤였어요. 결국 고르바초프를 '초대이자 마지막 대통령'으로 소련은 무너졌고, 연방은 러시아를 비롯한 여러 나라로 갈라졌습니다.

체르노빌 원전 폭발은 단순한 재해에 그치지 않고, 소련 공산당 체제의 몰락을 앞당겼다는 평가를 받고 있습니다. 사고 초기에 심각성을 인지하지 못하고 덮어버리기에만 급급했던 소련 정부의 그릇된 판단력과 무능력이 만천하에 드러나면서 가뜩이나 흔들리고 있던 소비에트 체제가 결정타를 맞았지요.

2년 뒤인 1991년 12월 우크라이나가 소련으로부터의 분리 독립을 선언했고, 그로부터 불과 며칠 뒤 소련은 완전히 해체됐습니다.

체르노빌 원전 폭발은 2011년 일본 후쿠시마에서 강진과 쓰나미(지진해일)로 인해 도쿄전력 소속의 원전이 폭발하기 전까지 국제원자력사고등급(INES)의 최고등급인 '레벨7'로 지정된 유일한 사례였어요. 인명피해도 막대했습니다. 공식 집계에 따르면, 소방관 등 초기 진화작업에 투입된 1,100명 중 134명이 급성 방사성 물질에 피폭됐고, 이 중 31명이 수개월 뒤 사망했습니다. 그러나 2005년 유엔은 직접 사망자가 56명이라고 수정했어요. 문제는 방사성 물질에 노출돼 암으로 사망한 '간접 사망자'입니다. 2010년 미국 뉴욕의 사이언스 아카데미는 체르노빌 참사로 사고 당시부터 2004년까지 100만 명에 가까운 사람들이 사망했다고 주장했어요. 체르노빌의 낙진(대기권으로 퍼져 나가는 방사성 물질)이 멀리 한반도까지 이동했고, 그 영향으로 우리나라에서 갑상선 암 환자가 늘었다는 주장도 있습니다.

필리핀 피플 파워
독재자를 몰아낸 민중의 힘

활주로에 멈춰 선 비행기. 비행기에서 연결된 계단을 통해 지상으로 내려가는 남성. 그 순간, 괴한의 총탄이 날아옵니다. 그는 피를 흘리며 쓰러졌습니다. 필리핀 독재정권에 반대했다가 무참히 살해된 베니그노 아키노(Aquino Jr., Benigno Simeon, 1932~1983)라는 정치인 이야기입니다. 필리핀 국민들에게는 애칭으로 '니노이'라 불렸어요.

한국의 '6월 항쟁'을 살펴봤지요. 그보다 조금 앞서 필리핀의 오랜 독재정권이 국민들의 저항으로 무너졌어요. 너무나 강해 보였던 독재자를 몰아낸 이 운동을 '피플 파워People Power'라고 부릅니다. 피플 파워는 '민중의 힘'이라는 뜻이에요.

필리핀은 1965년부터 페르디난드 마르코스(Ferdinand Marcos, 1917~1989) 대통령이 독재했어요. 마르코스는 집권 초기에는 경제를 살려 인기를 얻었고 1969년 대선에서 재선됐습니다. 그러나 1972년 계엄령으로 정당 활동을 금지하고 반대 세력과 언론인들을 투옥하더니, 4년 뒤 헌법을 고쳐 대통령 연임 제한을 없애고 장기 집권 독재로 향했습니다. 박정희 시절의 한국과 상당히 비슷하죠.

부정부패와 경제난으로 국민들의 분노가 높아지던 때, 베니그노 아키노가 미국 망명길에서 돌아왔습니다. 필리핀 정치 사상 최연소 시장·부지사·상원의원 기록을 세운 아키노는 마르코스에 맞선 비폭력 민주화 운동의 구심점이었습니다. 그는 마르코스 대통령의 대항마로 떠올랐지만 1972년 계엄령 선포와 동시에 체포돼 군사재판에서 사형을 선고받았습니다. 그는 1980년 심장병 치료를 이유로 일시 석방돼 미국으로 갔습니다. 3년여간 망명 생활을 하던 아키노는 마르코스에게 고통받는 필리핀 국민들과 함께하려 귀국을 결심했어요. 친구들이나 그를 지지하는 미국 정치인들은 귀국을 만류했으나 아키노는 뜻을 굽히지 않았습니다.

1983년 8월 21일, 아키노는 타이베이를 경유해 마닐라 국제공항에 도착했습니다. 그가 비행기에서 지상으로 연결된 계단을 내려온 순간, 계단 뒤에 숨어 있던 괴한이 뒤로 접근해오더니 총을 쐈습니다. 머리에 총알을 맞은 아키노는 그 자리에서 즉사했어요. 향년 50세였습니다. 범인 롤란도 가르만은 현장에서 군인들의 발포로 사망했습니다.

범인이 사망하는 사람에 암살사건의 배후를 둘러싸고 온갖 설이 난무했어요. 마르코스 정부는 청부살인업자인 갈만의 단독 범행이라며 수사를 마무리하려고 했지만, 야당과 국민들은 아키노를 호송하던 보안군이 살해했다고 주장했고 그 뒤에는 마르코스가 있다고 믿었습니다. 결국 국민들의 분노가 폭발했습니다. 베니그노 아키노의 부인 코라손(Maria Corazon Sumulong Cojuangco-Aquino, 1933~2009)이 항쟁의 중심에 섰습니다. 1986년 대선에서 마르코스가 부정선거로 또다시 이기자 국민들이 들고 일어났습니다. 마르코스는 미국으로 망명했고, 코라손은 21년 독재를 끝내고 대통령이 됐습니다. 코라손의 아들 베니그노 아키노 3세도 뒤에 2010년부터 대통령을 지냈답니다. 총탄에 스러진 니노이 아키노를 기리는 의미로 마닐라 국제공항의 이름을 니노이 아키노 국제공항으로 개명했고요.

하지만 독재정권의 유산을 완전히 없애지 못한 탓에 마르코스 가문은 되살아났어요. 2022년 6월 대선에서 마르코스의 아들 봉봉(Ferdinand Bongbong Romualdez Marcos Jr., 1957~)이 승리해 대통령이 됐답니다.

#베니그노_아키노 #독재정권_반대 #민중의_힘 #코라손 #니노이_아키노_국제공항

넬슨 만델라
차별과 억압을 넘어선 남아공 최초 흑인 대통령

남아프리카공화국은 흑백 인종차별이 극심한 국가였어요. 얼마나 심하냐면 아예 차별 제도를 만들었을 정도입니다. 이 차별 제도를 '아파르트헤이트Apartheid'라고 불러요. 현지어로 '분리'를 의미합니다. 백인 정권은 모든 인종을 등급으로 나눠 분리하고, 다른 인종끼리 결혼도 못 하게 했어요. 흑인들은 좁은 지역에 갇혀 살면서 노동해야 했지요.

이에 저항하는 흑인조직 아프리카민족회의African National Congress, ANC가 있었습니다. 아프리카민족회의를 이끌던 넬슨 만델라(Nelson Mandela, 1918~2013)는 1962년 반역죄로 체포돼 무기징역을 선고받고 수감됐습니다. 무려 27년 동안이나 로벤 섬의 감옥에 갇혀 있었어요. 그러나 수감 기간에도 그는 함께 투옥된 동지들과 조국의 미래를 설계하고, 흑인 청년 수감자들을 가르치고, 심지어 백인 교도관들을 교화했어요.

백인 정권은 탄압을 계속했고, 1976년에는 대규모 학생 시위가 일어났습니다. 1만 5,000여 명의 흑인 학생이 자기들에게만 아프리칸스Afrikaans 언어를 쓰도록 강요한 백인 정권에 맞서 거리 행진에 나섰어요. 아프리칸스라는 언어는 17세기 네덜란드계 백인이 이주하면서 전파한 말로, 흑인들에게는 '차별과 억압의 상징'이었습니다. 경찰은 해산 명령을 거부하는 학생들을 향해 무차별 총격을 퍼부었습니다. 그 자리에서 약 180명이 사망했는데, 대부분 어린 학생들이었어요. 이 시위를 시작으로 1976년 한 해 동안 700여 명의 흑인 학생과 주민이 숨졌다고 합니다.

이후 남아공에서는 계엄령과 비슷한 '비상사태'가 계속됐습니다. 흑인들의 투쟁에 동참하는 백인들이 늘었고, 남아공이 마주한 현실이 세계에 알려졌습니다. 국제사회의 압력이 갈수록 커졌어요. 세계 곳곳에서 시민들이 남아공 물건을 거부하는 보이콧에 동참했습니다. 유럽국들에 이어 백인 정권을 편들던 미국도 등을 돌렸습니다.

백인 정권은 결국 1990년 12월 만델라를 석방했습니다. 자유의 몸이 된 그는 모든 인종의 대표가 참석한 회의를 열어 화해와 공존의 길을 찾고, 아파르트헤이트를 공식적으로 폐기했습니다. 1993년, 넬슨 만델라는 백인 정권의 마지막 대통령과 함께 노벨평화상을 공동 수상했습니다. 1994년 역사적인 민주 선거에서 ANC가 대승을 거뒀고 만델라가 남아공 최초의 흑인 대통령으로 취임했습니다.

대통령이나 노벨상 수상자라는 타이틀보다는 '타타' '마디바'라는 애칭으로 불리며 세계인의 존경을 받았던 만델라. 타타와 마디바는 부족 언어로 '아버지'와 '어른'을 뜻한대요.

만델라는 세계의 추모 속에 2013년 95세로 세상을 떠났습니다.

#남아프리카공화국 #아파르트헤이트 #인종_분리_차별 #노벨평화상 #흑인_투쟁 #아버지

정치범
만델라부터 류사오보까지
정치 활동 때문에 처벌받은 사람들

만델라처럼 정치적인 활동 때문에 처벌받은 사람들을 정치범이라고 부릅니다. 물론 정치인이 정치와 상관없는 범죄로 법에 따라 처벌받은 경우는 해당하지 않아요. 때로는 독재정권이 "신념을 버리면 풀어주겠다."라고 유혹하는 경우도 있지요. 그럼에도 신념을 버리지 않는 사람을 '양심수'라 부릅니다. 행동이 아닌 사상의 문제로 갇혔다는 의미에서 '사상범'이라고도 해요.

만델라는 세계에서 가장 유명한 정치범이었어요. 필리핀 '피플 파워' 혁명의 도화선이 된 아키노도 정치범으로 갇혀 있다가 망명길에 올랐었지요. 김대중 전 대통령은 1980년대에 사형을 선고받은 적이 있고요. 쿠데타를 일으킨 전두환의 신군부가 '김대중이 내란을 일으키려고 했다.'라면서 이른바 '내란 음모 사건'을 조작해 그를 처형하려고 했답니다.

북한 군인 김선명(1925~2011)은 한국전쟁 중인 1951년 연합군에 포로로 잡혔어요. 그는 사상의 '전향'을 거부한 탓에 1995년 사면받아 출소할 때까지 만 43년 10개월을 감옥에 있었습니다. 세계 최장기 양심수였던 그는 2000년에 북한으로 보내졌습니다.

중국의 작가로 활동하며 민주주의를 요구해온 류샤오보(劉曉波, 1955~2017)는 '국가 전복'이라는 무시무시한 혐의로 2009년 구속됐습니다. 국가 전복은 말 그대로 국가 체제나 정권을 뒤집어엎겠다는 것을 의미해요. 류샤오보는 징역 11년형을 선고받고 수감되어 있던 중 2017년 간암으로 숨졌습니다.

정치범의 예는 셀 수 없이 많습니다. 하지만 독재국가나 억압적인 정부는 정치범이 존재한다는 사실 자체를 부인합니다. 중국 서부 신장위구르자치구에는 위구르족 수용소가 있는데, 미국과 유럽은 이를 '정치범 수용소'라고 비판하는 반면 중국 정부는 테러범과 범죄자들을 교화하는 직업훈련소라고 주장합니다.

한국에는 1948년 만들어진 '국가보안법'이 있습니다. '공산주의나 북한에 동조'하는 '생각'만 해도 처벌할 수 있게 한 법이죠. 독재정권은 민주화를 요구하는 사람들을 이 법으로 옭아매곤 했습니다. 지금은 '이 법을 확대해석하거나 국민의 기본적 인권을 부낭하게 제한해서는 안 된다.'라는 단서가 붙어 있긴 하지만, 사상의 자유를 부정하고 인권을 침해하는 이 법을 폐지해야 한다는 목소리가 끊이지 않습니다.

Q #양심수 #시상범 #내란_음모_사건 #김대중 #김선명_전향_거부 #국가보안법 #사상의_자유

국제앰네스티
민주주의와 인권을 수호하기 위해
양심수 편에서 함께하는 단체

정치범들은 대개 불법적으로 끌려가서 구타와 고문을 당합니다. 재판조차 공정하게 이뤄지지 않고, 수감 중에도 괴롭힘을 당하거나 비인간적인 처우를 받을 때가 많습니다. '정치범' 자체가 민주주의와 인권을 무시하는 독재정권 치하에서 존재하니까요. 이들을 위해 싸워줄 동료들조차 쫓기고 갇혀 있다면 어쩌지요? 그 나라 사람들도 나서고 싶지만 정권이 무서워서 나서지 못하는 상황이라면 또 어쩌고요. 국제앰네스티Amnesty International는 양심수들 편에 서서 함께 싸우기 위해 설립된 단체입니다.

1961년 영국 변호사 피터 베넨슨이 언론에 '잊힌 양심수'라는 글을 실었습니다. 국제앰네스티는 이를 계기로 런던에서 창설됐어요. 기고문에서 그는 정치적, 종교적인 믿음 때문에 갇힌 사람들을 '양심수prisoner of conscience'로 부르면서 이들이 사면 받을 수 있도록 탄원 운동을 벌이자고 호소했습니다. 앰네스티는 죄를 없애주는 '사면赦免'을 뜻해요.

국제앰네스티는 한국을 비롯해 160여 개 나라에 지부를 두고 있으며 1,000만 명의 회원들이 낸 기부금과 기금으로 운영됩니다. 1977년에는 노벨평화상, 1978년에는 유엔 인권상을 받았죠. 이 기구의 로고는 철조망에 둘러싸인 촛불이에요. 철조망은 억압을, 촛불은 어려움 속에서도 민주주의와 인권을 위해 헌신하는 사람들과 꺼지지 않는 희망을 의미해요.

국제앰네스티는 인권 침해가 벌어지는 지역에 가서 조사하고 그 결과를 보고서로 만들어 발표해요. 인권 침해를 줄이기 위해 탄원이나 로비 활동을 하며, 해마다 양심수 주간을 정해서 캠페인을 합니다. 민간기구이지만 이 단체의 조사보고서나 탄원은 세계에서 적잖은 영향력을 발휘하죠. 1981년 국제앰네스티는 전두환 당시 대통령에게 서한을 보내 시민권과 정치적 권리에 관한 국제규약을 비준하라고 요구한 바 있습니다. 최근에는 국제앰네스티 한국 지부가 북한 인권 실태를 조사해 웹사이트에 공개했습니다.

국제앰네스티는 현재 양심수 석방뿐만 아니라 성소수자·젠더 차별을 없애는 문제, 사형제 폐지, 불평등을 악화하는 기후위기 문제 등 다방면으로 활동하고 있어요.

#잊힌_양심수 #탄원 #시민 #억압_속에서도_꺼지지_않는_희망 #인권 #권리 #평등

과거사 진상 규명
역사의 어두운 그림자에
진실의 등불을 비추다

세계 곳곳에서 민주화를 요구한 많은 사람이 독재정권에 의해 고문을 당하거나 가혹행위에 시달리고, 심하면 목숨을 잃어야 했습니다. 앞에서 여러 번 이야기했듯 야당 정치인들, 사회를 변화시키고 개혁하려는 노동자들과 농민들, 문화인도 시련을 겪었습니다. 이런 과정을 거쳐서 말 그대로 '시민들이 주인이 되는' 민주화가 이뤄진 겁니다.

한국을 비롯해 필리핀, 폴란드 등 여러 나라의 민주화 과정을 살펴봤지요. 군사정권이 시민들의 선거로 뽑힌 민정으로 바뀌고, 수감된 사람들이 풀려나고, 인권 침해를 막을 법이 만들어지고, 언론의 자유가 살아나고……. 그렇다고 해서 억울하게 희생된 사람들이 모두 돌아오지는 않습니다. 죽임을 당한 사람들, 어디론가 끌려간 뒤 돌아오지 않은 사람들을 둘러싼 진실을 파헤치기 위해 살아남은 이들은 또다시 오랜 시간을 보내야 합니다. 이미 사건이 벌어지고 세월이 흐른지라 증거와 증인이 사라진 경우가 많습니다. 혹은 독재정권이 증거를 말살했거나 불법행위를 저지른 사람들이 입을 다무는 일도 많죠. 그럼에도 과거의 어두운 진실을 밝혀내지 않으면 민주주의는 성장하지 못합니다. 역사의 그림자에 등불을 비추고, 다시는 그런 일이 없도록 막아야 하니까요. 우리는 이 과정을 '과거사 진상 규명'이라고 부릅니다.

과거사 진상 규명은 남아공의 만델라가 세계에 남긴 것 중 하나입니다. 그는 대통령 시절에 흑백 갈등을 풀고 협력을 이끌어내려 했지요. 보복하기보다는 용서함으로써 평화적인 정권교체를 이뤄냈습니다. 하지만 과거를 무조건 덮은 건 아니었어요. 그래서 '진실과 화해 위원회Truth and Reconciliation Commission, TRC'를 만들었습니다. "용서하되 잊지는 않는다(Forgive without Forgetting)"는 만델라와 이 위원회의 모토였습니다. 진실을 파헤치고 죄가 심한 사람은 처벌하며, 뉘우치는 사람은 사면했습니다. 이 방식은 그 뒤에 한국과 중남미 국가들을 비롯해 민주화를 이룬 여러 국가에서 과거사를 밝히는 모델이 됐습니다. 캐나다에서도 백인들이 몰려와 원주민들을 말살하고 핍박한 과정을 조사하기 위해 TRC가 만들어졌습니다. 과거 캐나다에서는 원주민 아이들을 강제로 기숙학교에 수용해 원주민 언어 대신 영어와 프랑스어만 쓰게 하고 기독교를 강요한 적이 있어요. 이런 환경에 적

🔍 #과거의_진실을_밝히지 #민주주의의_성장을_위해 #만델라 #용서 #평화 #진실과_화해_위원회

응하지 못하고 3,000명이 넘는 아이들이 죽었다고 하니, 당시 얼마나 심한 학대를 받았는지 알 수 있습니다. TRC를 통해 진상이 드러나자 2008년에 캐나다 연방정부는 이러한 교육이 잘못되었고 잔인했으며 오히려 악영향을 끼쳤음을 인정하고 원주민들에게 공식적으로 사과했습니다. 2021년부터는 9월 30일을 '진실과 화해의 날'로 정해 매년 과거의 잘못을 되새기고 있어요.

한국에는 '진실·화해를 위한 과거사 정리 위원회'가 있습니다. 현대사 전반의 반민주적·반인권적 사건 등에 대한 진실을 밝혀내기 위해 2005년 5월 31일 여·야 합의로 '진실화해를위한과거사정리기본법'이 제정됨에 따라 설립된 독립적인 국가기관입니다. 이 기관의 활동 목표는 항일독립운동, 반민주적 또는 반인권적 행위에 의한 인권유린과 폭력·학살·의문사 등을 조사하여 왜곡되거나 은폐된 진실을 밝혀내는 것이랍니다.

진실·화해를 위한 과거사 정리 위원회는 2010년 조사활동을 마무리하고 해산했다가 관련법이 개정되면서 2020년 '2기 위원회'로 재출범한 뒤 형제복지원 사건, 삼청교육대 사건 등에 대한 조사 결과를 발표해 많은 관심을 모았습니다. 형제복지원 사건이란, 1975년부터 1987년까지 당시 전국 최대 규모의 부랑인 수용시설이었던 부산 형제복지원에서 인권유린, 학살, 국가폭력 등이 벌어졌던 일을 말해요. 위원회는 2022년 이 사건에 대한 조사 결과를 발표하면서 공식 사망자 수를 657명으로 밝혔습니다. 삼청교육대 사건은 1980년 7월 국가보위비상대책위원회가 입안한 삼청계획 5호 및 계엄포고 제13호에 따라 1980년 8월부터 6만여 명을 불법 검거하고, 이 중 약 4만 명을 삼청교육대에 강제수용해 순화교육과 근로봉사, 보호감호 처분을 시행한 대규모 인권침해 사건입니다. 위원회는 삼청교육대 입소 사실 자체가 위법한 공권력의 행사로 인한 중대한 인권침해라고 판단하고, 현재 피해자 564명에 대해 조사를 진행 중입니다. 2기 위원회는 2025년 5월까지 다양한 사건들에 대한 조사를 이어나갈 예정입니다.

오렌지 혁명
"다시 투표하라!"
우크라이나 민주주의 혁명

우크라이나는 1991년 소련에서 갈라져 독립했습니다. 동쪽으로 러시아와 국경을 접하고 있고 과거 소련 시절 정착한 러시아계 주민이 적지 않죠. 2004년 대선 때 러시아와 친한 후보인 빅토르 야누코비치(Viktor Yanukovych, 1950~)에 맞서 유럽과 가까워지 길 바라는 야당 후보가 맞붙었습니다. 개표 결과는 야누코비치의 승리였어요. 하지만 부정선거의 증거들이 속속 드러났고 시민들이 수도 키이우 등에서 항의 시위를 벌였습니다. 시위에 참가한 사람들이 야당을 상징하는 오렌지 빛깔의 옷과 모자, 머플러를 둘렀다고 해서 '오렌지 혁명'이라는 이름이 붙었어요. 오렌지색은 우크라이나 민주주의 혁명의 상징색이 됐습니다.

대법원은 투표와 개표에서 벌어진 부정을 확인하고 "투표를 다시 하라"고 판결했습니다. 야당 후보 빅토르 유셴코(Viktor Yushchenko, 1954~)는 오렌지색 바탕 깃발에 'Tak(영어로 예스란 의미)'이란 글씨를 넣어 선거유세에 사용했고, 민주주의를 열망하는 국민들의 지지에 힘입어 선거에서 승리했어요. 오렌지 혁명은 옛 소련에서 갈라져 나온 나라에서 권위주의 정권을 교체한 민주주의 시민혁명으로 평가받습니다. 이후 유셴코 등 오렌지 혁명의 주역 사이에 내분이 일어났고, 2010년 대선에서 야누코비치가 승리합니다. 이번엔 부정선거는 아니었죠. 그가 대통령으로 재임하던 2013년, 우크라이나에서는 다시 한 번 대규모 시위가 일어났어요. 야누코비치의 친러시아 정책에 반대하는 시민들이 키이우의 독립광장에서 유럽연합EU에 들어가야 한다며 평화적 시위를 벌였어요. 이 시위를 '유로마이단Euromaidan'이라고 불러요. '유럽'과 우크라이나어로 '광장'을 뜻하는 '마이단'을 합친 말이죠.

  시위대를 유혈 진압했지만 결국 의회로부터 탄핵을 당한 야누코비치는 러시아로 망명했습니다. 러시아 푸틴은 그 틈을 타 우크라이나 남쪽 크림반도를 병합해버렸습니다. 우크라이나 동부는 러시아계 무장세력이 판치며 내전 지역이 됐죠. 이렇게 우크라이나에서는 독립 이후 30여 년 동안 러시아의 압력과 권위주의에 맞서 민주주의와 번영을 바라는 시민들이 힘겨운 싸움을 해왔습니다. 2022년 2월 러시아의 우크라이나 전면 침공으로 시작된 전쟁은 2024년 하반기 현재까지도 이어지고 있습니다. 우크라이나의 고난은 언제쯤 끝날까요.

Q #우크라이나_민주주의_혁명 #유로마이단 #유혈_진압 #야누코비치_탄핵 #우크라이나의_고난

아랍의 봄
독재자는 물러나라

2011년 1월 5일, 북아프리카에 있는 나라 튀니지에서 무함마드 부아지지(Muhammad Bouazizi, 1984~2011)라는 청년이 숨을 거뒀습니다. 부아지지는 시장에서 과일을 팔던 노점상이었어요. 단속반원에게 걸려 생계가 막막해진 그는 시청 앞에서 자신을 불태우는 분신焚身 시위를 했고 18일 만에 사망했습니다.

당시 튀니지는 지네 벤 알리(Zine El Abidine Ben Ali, 1936~ 2019) 대통령이 23년째 집권하고 있었어요. 독재와 부패에 짓눌렸던 국민들의 분노가 폭발했고 충돌은 격화됐죠. 벤 알리는 국영TV에 출연해 시위를 규탄하며 소수 극단주의자의 소행이라고 밝혔습니다. 그러나 민심은 숨길 수 없었습니다. 결국 벤 알리 정권은 무너졌어요. 튀니지 국화國花가 재스민이어서 이를 '재스민 혁명'이라고 부릅니다. 이미 아시아와 중남미, 아프리카 나라 대부분은 민주화됐는데 재스민 혁명 때까지도 중동과 북아프리카의 아랍국들에는 절대왕정이 유지되고 있거나 독재자의 장기 집권이 이어지고 있었어요. 튀니지 혁명이 전파되면서 이집트의 호스니 무바라크(Hosni Mubarak, 1928~2020), 리비아의 무아마르 카다피(Muammar Gaddafi, 1942~2011)를 비롯해 30~40년씩 집권한 독재자들이 쫓겨났습니다. 2011년 초부터 2012년 말까지 이 지역에서 시민들이 독재 권력에 항거해 민주주의를 요구하고 나선 시기를 '아랍의 봄'이라고 해요.

리비아와 예멘에서는 그로 인해 내전이 벌어졌습니다. 시리아는 '아랍의 봄'이 어느 나라보다 큰 비극으로 이어졌고요. 민주주의를 요구하는 시위로 시작됐지만 시리아 독재정권이 자국민과의 전쟁에 나선 데다가 이슬람 극단주의 세력까지 끼어들면서 10년 넘게 내전이 이어졌습니다. 너무 큰 희생을 치렀지만 바샤르 알 아사드(Bashar al-Assad, 1965~)의 독재정권은 건재합니다. 또 이집트에서는 민주화를 뒤집고 군 장성 압델 파타 엘시시(Abdel Fattah el-Sisi, 1954~)가 정권을 잡아 다시 억압적인 통치를 하고 있습니다. '아랍의 봄'이 민주화의 꽃을 피우지 못한 채 다시 겨울로 돌아가버린 거예요. 시리아에서는 대를 이은 독재정권이 건재하고 있고, 리비아와 예멘은 여전히 극심한 정치적 혼란을 벗어나지 못한 상황이에요.

중동과 북아프리카에도 언젠가는 진정한 봄이 오겠지요?

Q #튀니지 #무함마드_부아지지 #재스민_혁명 #독재자_타파 #독재_권력에_항거 #시리아_내전

우산혁명
우산을 들고 거리로 나선
용감한 홍콩 시민들

"홍콩은 영국의 식민지였던 적이 없다."

지난 2022년 홍콩 교육부 인터넷 홈페이지에 이런 글이 게재됐습니다. 영국이 홍콩을 점령한 기간에 식민 통치를 받기는 했지만 영국의 식민지는 아니었다는 겁니다.

이게 다 무슨 소리일까요? 홍콩은 1841년부터 156년 동안이나 영국의 식민지였다가 1997년에야 중국 땅으로 돌아갔습니다. 영국이 중국에 홍콩의 주권을 넘긴 일을 '홍콩 반환'이라고 해요. 중국은 당분간 홍콩의 행정과 사회제도를 중국식으로 바꾸지 않겠다고 약속했습니다. 50년 동안은 '일국양제―國兩制' 즉 '한 나라 두 체제'를 만들기로 한 거예요. 외교·국방을 빼고 홍콩의 정치와 경제와 사회 분야에서는 독립성을 보장해주기로 한 약속이지요.

중국은 홍콩을 돌려받은 뒤 '특별행정구'로 지정했고 최고책임자로 임기 5년의 행정장관을 뒀어요. 행정장관은 어떻게 뽑을까요? 선거인단을 통한 간접선거로 뽑습니다. '직능별 선거위원회'에서 선출된 선거인과 구의회 의원, 홍콩의 의회 격인 '입법회' 의원, 중국 전국인민대표대회의 홍콩 대표 등으로 구성된 1,500명의 선거인단이 행정장관을 뽑습니다. 행정장관들은 그동안 전부 중국 정부가 점찍은 인물들이 당선됐어요. 선거인단이 '친중국' 인물들로 구성된 탓에 사실상 간접선거는 의미가 없다는 비판이 컸습니다.

시민들은 행정장관 직선제를 요구했지만 중국은 거부했습니다. 이것이 계기가 되어 2014년 9월부터 12월까지 홍콩 시민과 학생들이 대거 거리로 나왔습니다. 홍콩의 거의 모든 대학생이 시위의 뜻으로 '동맹 휴학' 했고, 시내 중심가에선 "나는 진정한 보통선거를 원한다!"라는 구호를 내건 시위가 이어졌어요. 시민 모두에게 투표권을 달라는 뜻이었습니다.

시위 전개 과정에서 홍콩 경찰은 최루탄과 최루액·살수차 등을 이용해 진압을 펼쳤습니다. 시민들은 경찰의 진압에 맞서 우산을 방패로 삼았지요. 우산은 저항의 상징이 되어 이 홍콩 민주화 운동에는 '우산혁명'이라는 이름이 붙었습니다.

홍콩 당국과 중국 정부가 강경 대응하면서 우산혁명은 끝났습니다. 그러나 민주주의를 원하는 홍콩인들의 외침은

🔍 #영국 #홍콩_반환 #일국양제 #독립성_보장 #직선제_거부 #동맹_휴학 #보통선거 #저항_상징

2019~2020년 시위로 이어졌어요. 이 시위조차 진압됐고 홍콩의 민주주의는 이전보다도 훨씬 훼손된 채 암흑기를 맞고 있습니다. 이에 따라 홍콩을 떠났거나 떠나려는 시민과 글로벌 기업들이 크게 늘어나고 있습니다. 특히 지난 2020년부터 약 3년간 홍콩인 18만 명가량이 영국으로 이주를 신청했다고 합니다.

홍콩은 1839년 발발한 1차 아편전쟁 결과 1842년 체결된 난징조약에 따라 영국에 할양됐습니다. 할양은 국가 사이에 합의가 이루어져 자기 나라 영토의 일부를 다른 나라에 넘겨주는 것을 말해요. 영국은 1841년부터 1941년까지, 1945년부터 1997년까지 홍콩을 통치했어요. 태평양전쟁이 일어났던 1941년부터 1945년은 일본이 홍콩을 점령했었고요. 하지만 중국은 홍콩이 영국에 넘어간 계기였던 난징조약 자체가 강압적이며 불평등하게 체결됐고 중국은 이를 수락한 적 없다고 주장합니다. 고등학교 교과서에도 이런 주장이 수록됐습니다. 한 국가가 외부 영토를 식민지라고 부르기 위해선 해당 지역에 대한 주권과 통치권이 있어야 하는데 중국은 홍콩에 대한 주권을 빼앗긴 적이 없었던 만큼 영국은 통치권만 행사했다는 내용입니다. 이를 둘러싸고 일각에서는 홍콩판 '역사 지우기'라는 비판이 제기됐습니다. 반면 '역사 바로세우기'로 환영하는 목소리도 있어요. 여러분은 어떻게 생각하나요?

지방자치
민주화가 이루어낸
풀뿌리 민주주의

학교에는 학급회와 전교 학생회가 있지요. 학생들은 이런 조직을 통해 소통하고 학급이나 학교 전체를 위한 사안들을 결정해 실천할 수 있어요. 국가도 마찬가지예요. 주민들이 법으로 정해진 권한 안에서 지역의 문제를 스스로 처리하는 제도를 지방자치라고 합니다. 지방자치의 최대 장점은 지역 실정에 맞는 행정을 효율적으로 펼칠 수 있다는 점이에요. 지방자치는 지역주민과 대표자들이 토론과 협력을 통해 공동의 문제를 처리하는 풀뿌리 민주주의의 현장입니다. 또 자금이나 조직이 없어서 중앙 정계에서는 집권하기 힘든 작은 정당이나 개혁적인 인물들이 지방에서 의회에 진출해 발판을 닦을 수도 있습니다. 독일 녹색당 같은 정당들이 그런 경로를 밟았지요. 지방자치의 정도는 나라마다 달라요. 미국의 주들처럼 연방국가 안에서 아주 높은 수준의 자치를 하는 곳도 있고, 연방국가가 아니지만 몇몇 소수민족 지역에는 자치를 허용하는 중국 같은 나라도 있죠.

한국의 지방자치는 군사독재에 맞서 싸워 이룩해낸 민주화의 결실입니다. 1952년부터 10년 가까이 지방자치단체장과 지방의원을 선거로 뽑았어요. 그런데 1961년 박정희 쿠데타 뒤에 지방의회가 해산됐고 도지사, 시장, 군수 등 단체장을 정부가 임명하는 것으로 바뀌었지요. 강력한 중앙집권식 행정이 이어지다가 30년 만인 1991년에 자치가 부활하기 시작했습니다. 그해에 지방의회 의원 선거가 치러졌어요.

각종 정치적 난관을 뚫고 30년 만에 다시 실시된 지방선거는 지방의회의원만 선출한 반쪽짜리였음에도 불구하고 풀뿌리 민주주의의 재출발을 알리는 신호탄이 되었습니다. 1995년 지방자치단체장 선거가 치러지면서 완전한 '민선 지방자치' 시대가 열렸지요.

지금은 서울과 광역시, 도를 의미하는 '광역자치단체'와 시·군·구 '기초단체'의 단체장과 의원들을 주민들이 투표로 뽑습니다. 단체장이 대통령이라면, 지방의회는 국회에 비유할 수 있습니다. 국회는 '법률'을 제정하지만 지방의회가 제정하는 것은 법이 아니라 '조례'라고 불러요.

그렇다면 법률과 조례는 어떻게 다를까요? 이를 알기 위해선, 우선 법령체계를 이해해야 해요. 법령체계는 일반적으로 헌법, 법률, 시행령, 조례, 규칙으로 나뉩니다. 헌법은 앞에서 살펴봤듯이 국민 기본권부터 국가권력의 구조와 형태 등 가장 중요한 규범을 정한 법으로 최고의 지위를 갖습니다. 그다음으로 '법률' 또는 '법'은 국회에서 제정하는 것으로, 헌법 조항보다 구체적인 사항들을 담고 있어 행정의 근거가 된다는 점에서 중요한 의미가 있어요. 시행령은 법에 세세한 내용을 모두 담을 수는 없기 때문에 정부가 만드는 세부 규정을 말합니다. 국무회의 의결 등의 단계를 거쳐 정부가 발행하는 관보에 실리면 효력이 생깁니다.

지방자치는 풀뿌리 민주주의라고 했지요. 지방자치가 땅 속에 잘 뿌리내려 건강하게 성장할 수 있도록 국민 모두가 관심을 가지고 노력을 기울여야 하겠습니다.

조례는 지역주민의 대의기관인 지방의회가 정하는 규범이며, 규칙은 조례를 집행하기 위해 시장, 군수 등 지방자치단체장이 정하는 규범입니다. 조례와 규칙은 해당 지역에서만 효력을 발휘할 수 있다는 점에서 헌법, 법률, 시행령과 다릅니다.

비정부 기구
공공의 이익을 위해 일하는
비상업적 시민사회단체

2022년 2월, 러시아가 우크라이나를 침공하자 국경없는의사회와 세이브더칠드런을 비롯해 여러 단체가 현장으로 달려가 구호 활동을 펼쳤어요. 이런 단체들을 비정부 기구Non-Governmental Organization, NGO, 시민사회단체Civil Society Organization, CSO 등으로 불러요. 정부로부터 독립돼 있고 상업적 이익을 추구하지 않으며 공공의 이익을 위해 일하는 단체로 정의할 수 있습니다. 시민이 자발적으로 참여하고 회원들의 회비로 움직인다는 특징이 있어요. 비정부 기구의 활동 분야는 다양합니다. 국경없는의사회는 1971년 프랑스에서 의사와 언론인들이 모여 결성한 단체예요. 휴먼라이츠워치Human Rights Watch, HRW'와 국제앰네스티는 인권 분야에서 활동하고, 월드비전World Vision이나 세이브더칠드런은 빈국의 구호 활동에 힘을 쏟습니다. 그린피스Greenpeace International나 세계자연기금World Wide Fund for Nature, WWF 같은 환경단체도 있죠. 성소수자 권익 옹호 단체, 종교단체, 의료 단체

등 모든 영역에서 비정부 기구들이 활동하고 있습니다.

NGO라는 용어는 1945년 4월 미국 샌프란시스코에서 처음 등장했어요. 민간단체들이 유엔 회의에 참석해서 유엔헌장에 인권 조항을 넣도록 요구했는데, 정부 기구가 아니라는 이유에서 NGO로 불렸어요. 이때 제정된 유엔헌장에 NGO와의 협의를 담은 규정이 들어가면서 유엔의 공식 용어가 됐죠. 한국에서는 참여연대, 경제정의실천시민연합 등이 유엔과 약정을 맺은 '협력 비정부 기구'로 등록돼 있습니다. 현재 세계에 있는 NGO는 약 1,000만 개, 국제무대에서 활동하는 NGO는 약 4만 개이며, NGO 활동가 수는 2030년이 되면 25억 명에 이를 것으로 예상됩니다.

개발도상국에서는 NGO들이 사람들을 교육하고 구직을 도울 뿐 아니라 창업과 경제활동을 지원합니다. 그래서 경제학자들은 공적인 영역인 정부와 민간 경제영역인 시장에 이은 '제3의 영역'이라 부릅니다. 한국의 NGO는 약 1만 5,000개로 추정돼요.

외형적으로는 시민사회의 NGO가 엄청난 성장을 이뤘지만 내실 면에서는 문제도 있습니다. 특히 재정 부족이 심각해 조직 운영이 어려운 곳이 상당수입니다. 투명하지 않은 운영과 전문성 부족 등이 문제점으로 지적되기도 하고요. NGO 문화가 발전하기 위해서는 시민들의 많은 관심과 적극적인 참여가 필요합니다.

🔍 #국경없는의사회 #NGO #시민사회단체 #공공의_이익을_위하여 #자발성 #비상업성 #재정_부족

참여 민주주의
더욱 중요해진 시민의 참여!
디지털로도 가능해요

대다수 민주 국가가 대의제를 채택하고 있습니다. 현대 사회에서는 정부 규모가 커지고 행정이 복잡하게 여러 분야로 나뉘기 때문에 나라가 어떻게 돌아가는지 국민이 잘 알기가 어려워요. 그러다 보면 정치에 무관심해질 수 있죠. 정치인들이 막말을 일삼고 툭하면 부패 스캔들이 터지고 국민의 생각을 무시하면 '냉소주의'가 커질 수 있고요. 냉소주의란, 정치 행태에 대해 실망하면서 "정치인들은 어차피 다 저래." "누구를 뽑든 똑같아." 하면서 거리를 두는 거예요. 그래서 '참여 민주주의'라는 개념이 나왔어요. 프랑스 혁명 뒤 파리에 '파리코뮌'이라는 자치공동체가 결성된 데에서 참여 민주주의의 시작점을 찾는 이들도 있고, 1930년대 스페인에서 내전이 일어났을 때 시민들이 몇몇 도시에서 자발적으로 행정을 맡은 일을 중요한 사례로 보는 이들도 있어요.

21세기에 '참여'는 더욱 중요해졌습니다. 2005년 미국 남부가 허리케인 '카트리나'로 폐허가 됐을 때 행정이 마비된 몇몇 지역 주민들이 나서서 잠깐이나마 자치를 했습니다. 2011년 세계 금융위기로 경제난을 맞은 아일랜드에서는 시민들이 '우리 시민We the Citizens'이라는 회의기구를 만들었어요. "기업과 투자자들 편만 들다가 위기를 부른 정부와 정치인들을 더는 못 믿겠다, 그러니 시민들이 나서자."라는 취지에서였어요. 정부도 이를 받아들였으며 이후 헌법을 개정하기 위한 회의 등에 시민들이 대거 참여했답니다.

선거 말고도 시민들이 공동의 의사결정에 참여할 길은 많습니다. 시민단체에 들어가 캠페인을 하거나 지방정부가 하는 활동에 참여하고, 법안이 만들어질 때 의견을 제시할 수 있죠. 촛불집회에 나갈 수도 있고, '1인 시위'로 자기 생각을 표현하는 방법도 있지요. 정치뿐만 아니라 학교와 기업 등등 일상의 모든 영역에서 참여를 늘려야만 민주주의가 제 역할을 할 수 있습니다.

디지털 기술은 참여 민주주의에서 중요한 역할을 합니다. 누구나 필요한 정보를 쉽게 접할 수 있고, 더 많은 사람과 생각을 나누고 함께 행동할 수 있으니까요. 예를 들어, 한국 국민이라면 '국민권익위원회'의 온라인 국민참여포털을 통해서 정부의 정책이나 행정에 대한 의견을 낼 수 있어요. 문재인 정부 시절의 '청와대 국민청원'도 디지털 참여 민주주의의 한 사례입니다.

Q #냉소주의 #참여의_중요성 #시민이_나서자 #시민단체 #캠페인 #촛불집회 #1인시위 #국민청원

소셜미디어
개방·참여·공유
건강한 사회를 위하여

2022년, 마흐사 아미니(Mahsa Amini, 1999~2022)라는 22세 이란 여성이 경찰에 끌려간 지 사흘 만에 사망했습니다. 그녀는 머리카락을 모두 가리는 이슬람식 스카프 히잡hijab을 똑바로 쓰지 않았다는 이유로 구금됐어요. 마흐사 아미니는 경찰에 끌려간 뒤 심한 구타를 당해 숨진 것으로 드러났습니다. 앞에서 살펴봤던 억압적인 이슬람 신정과 인권 탄압에 분노한 학생과 시민들은 전국 곳곳에서 히잡을 불태우고 '여성' '생명' '자유'를 외쳤습니다. 정부는 시위대를 무자비하게 진압하고 인터넷도 차단했지만, 시민들은 여러 경로로 몰래 인터넷에 접속해 소셜미디어로 소통하고 시위 상황을 세계에 알렸습니다.

같은 해, 중국 소셜미디어에서는 시진핑 국가주석의 장기 집권과 공산당의 검열을 비판하는 시위가 벌어졌답니다. 참가자들은 "오직 자유, 존엄, 우리를 위한 중국을 원한다."라는 구호와 함께 오프라인 시위 현장을 찍은 동영상들을 올렸습니다. 앞서

2013년에는 미국에서 흑인 인권 보호를 요구하는 '흑인의 생명도 소중하다(Black Lives Matter)' 시위가 소셜미디어를 통해 퍼져 갔고요. 이 시위가 왜 일어났는지에 대해서는 40번 꼭지 '민권운동'에서 다루었지요.

인터넷과 소셜미디어가 없던 시절에는 커다란 종이에 권력을 비판하는 글을 적어 벽에 붙이는 '대자보'가 있었어요. 벽보 또는 벽신문이라고도 부릅니다. 한국에서도 1970~1980년대에 주로 대학생들이 대자보를 붙여 사람들의 관심과 지지를 모으곤 했지요. 이런 방식에 비해 소셜미디어는 빠르고 편하게 정보와 의견을 나누고, 시민들이 함께 행동에 나설 수 있게 만드는 힘이 있습니다. 민주주의의 중요한 도구가 생겨난 거예요.

소셜미디어의 특징이자 가치를 세 단어로 정리하면 개방, 참여, 공유입니다. 누구에게나 개방되어 있고, 장소도 구애받지 않으며 모두가 참여할 수있고 공유할 수도 있지요. 하지만 소셜미디어와 인터넷은 새로운 고민거리를 안겨주기도 합니다. 특히 청소년뿐만 아니라 성인들도 소셜미디어 중독 문제가 심각해요. '나만 빼고 모두 행복해 보인다'는 생각이 들어 우울증에 빠지거나, 온라인 따돌림이나 집단 괴롭힘에 극단적 선택을 하는 경우도 있습니다. 인종 혐오나 젠더 혐오, 테러나 폭력을 부추기는 정보들도 넘쳐나고요.

민주주의 자체를 위협할 정도로 심각한 가짜뉴스들도 온라인으로 퍼집니다. 최근에는 딥페이크 기술을 이용한 가짜 이미지 문제가 갈수록 심각해지고 있어요. 그래서 모니터링과 단속을 하는 나라가 많습니다.

이런 것들도 '검열'이라고 볼 수 있을까요? 그렇다면 사회를 건강하게 유지하기 위해 어떤 선까지 용인해야 할까요? 함께 고민해볼 문제이겠지요. 무엇보다 중요한 것은 소셜미디어를 올바르게 바라보고 사용하는 자세입니다.

#인터넷을_통해_퍼져나갈_수_있었죠 #개방 #참여 #공유 #가짜뉴스_주의 #모니터링 #단속

가짜뉴스
민주주의의 뿌리를
썩게 할 수도 있어요

앞에서 살펴봤듯이 소셜미디어는 평등하고 민주적인 세상을 만드는 데 분명 도움이 됩니다. 하지만 소셜미디어에 넘쳐나는 가짜뉴스가 민주주의를 위협한다는 걱정도 있어요. 2021년 노벨평화상을 받은 필리핀 언론인 마리아 레사(Maria Ressa, 1963~)는 가짜뉴스를 부채질하는 소셜미디어 때문에 세계의 민주주의가 50년 전으로 후퇴했고, 왜곡된 여론 속에 허울뿐인 민주 선거로 독재자가 나올 수도 있다고 경고했어요.

실제로 가짜뉴스가 국가와 사회를 혼란에 빠트린 예는 많아요. 2016년 영국의 '브렉시트 국민투표' 때 영국의 소셜미디어에서는 "외국인 노동자들이 일자리와 복지혜택을 빼앗아간다."라는 가짜뉴스가 쏟아졌지요. 도널드 트럼프 미국 대통령은 자기를 비판하는 언론 보도는 전부 가짜뉴스라고 공격하곤 했고요. 2020년 코로나19가 퍼졌을 땐 과학적 근거가 전혀 없는 가짜뉴스와 '백신 음모론'이 기승을 부렸습니다.

가짜뉴스의 특징은 편 가르기와 거짓말로 사람들 사이에 증오를 부추긴다는 점이에요. 중국에서 코로나19가 시작됐다며 미국과 유럽에서 일부 주민들이 아시아인들을 공격했던 게 대표적인 예이지요. 언론이 이를 비판하고 정확한 사실을 보도해 바로잡지 않으면 민주주의가 뿌리째 흔들릴 수 있어요.

어떤 뉴스가 진짜인지 가짜인지 가려내는 통찰력과 신중한 태도는 갈수록 중요해지고 있습니다. 읽고 쓰는 능력을 가리키는 '리터러시(문해력)Literacy'에 빗대, 뉴스를 가려낼 줄 아는 능력을 '미디어 리터러시' 또는 '디지털 리터러시'라고 부릅니다. 미디어가 제공하는 컨텐츠를 주체적으로 이해하고 판단하려는 능력을 포괄하죠. 한글을 읽고 쓸 줄 아는 차원을 넘어서서 뉴스를 똑바로 읽고 해석할 줄 알아야 합니다.

혹시 여러분은 가짜뉴스 같기는 한데 단순히 재미있다는 이유로, 혹은 가짜뉴스인 줄은 미처 모르고 캡처해서 친구에게 보내고 링크를 주변에 옮긴 적 없나요? 별것 아닌 듯해도 그런 작은 행동이 민주주의를 위험에 빠뜨릴 수도 있답니다.

더 편리해지는 만큼 동시에 여러가지로 고민거리도 많아지는 디지털 시대입니다.

#여론_왜곡 #브렉시트_국민투표 #밀단_공격 #음모론 #편_가르기 #증오 #미디어_리터러시

포퓰리즘
대중의 입맛을 따라볼까?

"기본소득은 포퓰리즘의 전형이다."

"무상급식은 망국적 포퓰리즘."

"당리당략적으로 안보에 위해를 가하는 안보 포퓰리즘!"

뉴스를 보면 '포퓰리즘'이란 단어가 참 많이 나와요. 포퓰리즘은 '대중' '민중'을 뜻하는 라틴어 '포풀루스populus'에 '~주의'를 뜻하는 영어 접미사를 붙인 말이에요. 직역하면 '대중주의' '민중주의'라고 할 수도 있고, 대중들의 입맛을 좇는다고 해서 '대중영합주의'로 옮기기도 해요. 원래는 소수 엘리트 지배에 맞선 대중의 정치 참여를 강조하는 단어였지만, 인기를 얻기 위한 정책을 내세우는 것을 가리키는 부정적인 말로 더 많이 쓰입니다. 1950년대 아르헨티나에서 후안 페론(Juan Peron, 1895~1974) 대통령이 빈민들을 위한다며 선심善心 정책을 펼쳐 국가 재정을 파탄으로 몰고 간 일을 포퓰리즘의 나쁜 예로 꼽는 이가 많아요.

2000년대 이후 유럽에서는 이민자들에 대한 혐오를 부추기면서 인기를 얻은 정당이 많아졌습니다. 이탈리아의 '오성운동', 프랑스의 '국민전선FN', 독일의 '독일을 위한 대안AfD' 등이 대표적이지요. 이들은 서민을 위한다면서 인종주의와 민족주의가 뒤섞인 공약들을 내놓고 유권자들의 불안감을 파고듭니다. 미국의 트럼프 대통령도 마찬가지였고요.

한국의 어떤 정치인은 "우파 포퓰리즘은 좋은 포퓰리즘이고, 국가재정을 파탄시키는 나쁜 좌파 포퓰리즘과는 다르다"고 말했다지요. 자신의 일은 합리화하면서 다른 당의 정책이라면 모조리 포퓰리즘이라 비난하는 모습을 자주 봅니다. 포퓰리즘의 개념을 딱 잘라 말하기가 애매한 까닭도 있어요. 민주주의 국가에서 모든 정치인은 유권자의 지지를 얻기 위해 정책을 내놓고 선전하고 선동하니까요. 여기에서 분명한 것이 있습니다. 분열과 갈등을 부추기는 정치 행위는 민주주의를 위협해요. 누군가를 미워하게 만들고 시민들을 이편저편으로 갈라놓는 정치는 나쁜 정치입니다. 국민으로 하여금 서로 편 가르기하게 만드는 정치인들은 대화와 토론과 합의로 국가와 사회의 문제를 풀려 하기보다는 누군가를 비난하고 배제하자고 유혹하면서 권력을 얻습니다.

가짜뉴스와 포퓰리즘이 한 묶음으로 쏟아져나오는 지금, 어느 때보다도 시민들의 감시와 신중한 판단이 중요하겠지요.

🔍 #대중 #민중 #대중영합주의 #대중의_입맛에_맞추어 #선심_정책 #선전 #선동 #대화와_합의

101
민주주의